Aracataca, 6 de marzo de 1927.

Nace casi muerto y con una espantosa sensación de ahogo. Es un parto largo y difícil. Desde que el temblor conmueve su ensueño prenatal, comprende que debe aventurarse por ese canal angosto y oscuro. Si quiere vivir, claro. En tinieblas duda. Es un instante eterno, hasta que se entrega al impulso. Llega al mundo con una doble vuelta de cordón al cuello, está azul y sus pulmones casi estallan a la primera bocanada. Abre los ojos y encuentra la mirada cómplice de su madre. Percibe a las mujeres. Desde entonces sabe que nada malo puede pasarle.

Pero no muere y en brazos de Francisca Cimodosea Mejía —la tía Mama—, una de las mujeres más influyentes de su vida, recibe el nombre de Gabriel José García Márquez. Gabito le dirán los íntimos. El chico de los ojos atónitos por nada quiere perderse las maravillas de este mundo. De no haber sido así, sus fabulosas historias no habrían llegado a escribirse. Y este libro tampoco.

Hoy Gabriel García Márquez es el dueño de la pelota, un escritor que mantiene a todos bajo su hechizo de brujo. En 1997, el colombiano más famoso celebró tres décadas del lanzamiento de su novela Cien años de soledad, que lleva tirados alrededor de treinta millones de ejemplares en todos los idiomas imaginables. Newsweek señaló que es el escritor vivo más importante del mundo. Justo él, que no quiere ser noticia, sino salir a buscarla.

Como en sus años de reportero cuando soñaba ser un escritor de éxito. Pero no imaginó que fuera para tanto. Tampoco que sus desolados personajes fueran el ábrete sésamo a los accesos antes vedados. Que desde entonces cada libro suyo se vendería como pan caliente. Que en su Colombia natal alcanzaría la categoría de héroe. Que adonde fuera, desataría la pasión popular. Y que sus lectores lo amarían, sin condiciones, con el mismo fervor de un club de fans. Ese club llenaría un estadio de fútbol.

Pero antes de internarnos en la historia, algunas pistas para empezar a conocer al protagonista. Primero, respire profundo y relájese. Luego, concentre su atención en el siguiente cuadro:

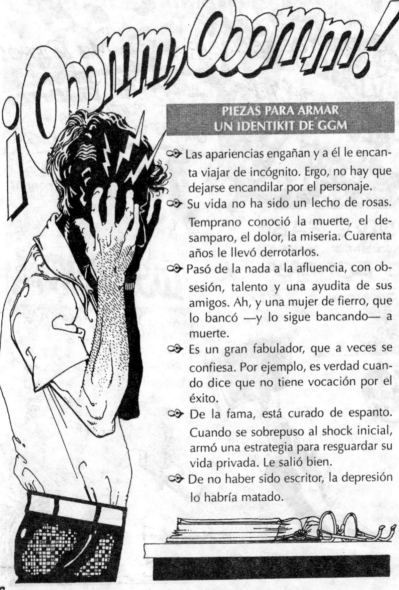

¡Ooomm, Ooomm!

PIEZAS PARA ARMAR UN IDENTIKIT DE GGM

- Las apariencias engañan y a él le encanta viajar de incógnito. Ergo, no hay que dejarse encandilar por el personaje.
- Su vida no ha sido un lecho de rosas. Temprano conoció la muerte, el desamparo, el dolor, la miseria. Cuarenta años le llevó derrotarlos.
- Pasó de la nada a la afluencia, con obsesión, talento y una ayudita de sus amigos. Ah, y una mujer de fierro, que lo bancó —y lo sigue bancando— a muerte.
- Es un gran fabulador, que a veces se confiesa. Por ejemplo, es verdad cuando dice que no tiene vocación por el éxito.
- De la fama, está curado de espanto. Cuando se sobrepuso al shock inicial, armó una estrategia para resguardar su vida privada. Le salió bien.
- De no haber sido escritor, la depresión lo habría matado.

En marzo de 1999 cumplió 72 años. Lleva más de cuarenta con su mujer de toda la vida, Mercedes Barcha Pardo, con la que tiene dos hijos, Gonzalo y Rodrigo. Desde hace años, también es abuelo. El rey Midas de las letras podría retirarse con los laureles que supo conseguir, pero la sola idea del descanso le produce pánico.

Para conjurarlo, trabaja como un buey. Su agenda es un infierno. Rara vez da entrevistas. Apenas tiene tiempo para el mundo de sus afectos. Aunque ahora vive la mayor parte del año en Colombia, su alma de gitano lo mantiene en movimiento. Va y viene de la mano de Mercedes, su enigmática escudera. Sin ella, estaría perdido. Puede desembarcar en cualquiera de sus residencias alternativas en México, España o Cuba, con la Mac portable como único equipaje. En esos refugios encuentra lo necesario para estar a gusto: grandes ventanales, whisky escocés, libros, música y hasta ropa en los percheros.

En esos lugares organizó una serie de talleres para jóvenes escritores, periodistas y guionistas de cine que él solventa y cada tanto dirige. ¿Por qué el Nobel colombiano habría de dedicar una semana a dialogar sin prisa con una docena de aprendices cuando tiene dinero, prestigio y fama de sobra? Su vida y su obra se nutren de la nostalgia, la misma materia que emplea para reciclar pasiones.

Nada le gusta más en este mundo que contar historias. En el papel de viejo profeta, despliega todo su encanto. En esos momentos se ve un García Márquez puro: caribeño, anti-intelectual, alguien que transmite sus saberes con dosis de humor como para quitarle solemnidad a la vida.

Ocurrió en la capital mexicana el primer sábado de la primavera de 1998. Ante unos dos mil asistentes que ocupaban las salas y jardines coloniales de El Colegio Nacional, entre estudiantes de literatura, cazadores de autógrafos, curiosos y fetichistas, Gabo leyó el primer capítulo de sus memorias o antimemorias como a él le gusta llamarlas. Luego de terminar El amor en los tiempos del cólera, se impuso la tarea de escribirlas para "mantener el brazo caliente", entre dos novelas.

¡Coño! EL NÚMERO DE TELÉFONO DE RODOLFO EN BUENOS AIRES ERA 78-73...85?

Mmm, no, no... YA SÉ: 78-5834! NO... TAMPOCO ES ÉSE...

☎ El quid de las **Memorias** es remediar cierta rebeldía de su memoria que en los últimos tiempos lo tortura más que la invasión a su vida privada.

LOS ESCRITORES SUELEN EMPEZAR A ESCRIBIR SUS MEMORIAS CUANDO YA NO SE ACUERDAN DE NADA.
LAS MÍAS NO SERÁN CRONOLÓGICAS SINO TEMÁTICAS, CONTADAS DESDE EL DÍA EN QUE NACÍ DE VERDAD, EL DÍA QUE DECIDÍ SER **ESCRITOR**

TODAS MIS NOVELAS SON YA MIS MEMORIAS. ESTE SERÁ MI GRAN LIBRO DE FICCIÓN, LA NOVELA QUE HE BUSCADO TODA MI VIDA.

El punto de partida de **"Vivir para contarlo"** rescata la vuelta de Gabo a Aracataca, a los 25 años, cuando descubre el camino de su escritura. La colección de recuerdos abarca una serie de seis libros de 400 páginas, que serán publicados a medida que termine cada uno. Esta lectura fue una de esas raras primicias a las que Gabo recurre cada vez que quiere encontrarse con su público sin la mediación editorial. Ya había adelantado una parte de este material en 1996, durante un seminario de cuatro días en la Cátedra Julio Cortázar, que él mismo fundó, en la Universidad de Guadalajara.

Mi madre me pidió que la acompañara a vender la casa. Había llegado esa mañana del pueblo distante donde vivía con la familia y no tenía la menor idea de dónde encontrarme. Preguntando por aquí y por allá entre los conocidos, le indicaron que me buscara en la librería Mundo o en los cafés vecinos, donde yo iba todos los días a las doce y a las seis de la tarde a conversar con mis amigos escritores. El que se lo dijo le advirtió: Vaya con cuidado porque son locos peligrosos.

.
.
.

Las memorias asoman a los lectores a tantas vidas como el mago de Aracataca quiera contarnos. Para los más devotos esta primer lectura puede tener cierto dejá-vu de todos sus libros. Aunque mantiene un cerrojo sobre su intimidad, en sus memorias. No faltan los temas centrales que alimentaron etapas de su vida:

.
.
.
.

Todos sus escritos parten de una imagen fuerte. De un recuerdo de su infancia en Aracataca le quedó la de un viejo que llevaba a un chico a conocer el hielo.

De ahí nació la primera frase de **Cien años de soledad**, quizás la más célebre de la literatura universal de la segunda parte del siglo veinte:

> **Muchos años después, frente al pelotón de fusilamiento, el coronel Aureliano Buendía había de recordar aquella tarde remota en que su padre lo llevó a conocer el hielo.**

Se convirtio en reportero estrella en su país, a partir de una serie de reportajes sobre Luis Velasco, el marinero que estuvo diez días a la deriva en una balsa sin comer ni beber.

— CUÉNTAME, CON LUJO DE DETALLES, DESDE EL PRINCIPIO...

El 22 de febrero se nos anunció que regresaríamos a Colombia. Teníamos ocho meses de estar en Mobile, Alabama.

¡Ajá! QUE ES LA VAINA!

En 1955, El Espectador lo envía a Europa a cubrir la conferencia de los Cuatro Grandes en Ginebra. Luego de un azaroso viaje en avión a París, toma el tren a Suiza.

LA HIERBA ES IGUAL A LA QUE SE VE DESDE EL TREN DE ARACATACA.

TANTO VOLAR, TANTO BEBER, TANTO CAMBIAR DE HELICES PARA QUE LA HIERBA SIGA SIENDO EXACTAMENTE LA MISMA DE ARACATACA.

Pero ¿quién es este hombre que empezó escribiendo "sólo para que mis amigos me quieran más" y terminó convirtiéndose en el símbolo más potente de la literatura latinoamericana? Cuando le piden que se defina, dice:

ESTÁ EN MI CARÁCTER, Y YA LO HE DICHO MUCHAS VECES: NUNCA, EN NINGUNA CIRCUNSTANCIA, HE OLVIDADO QUE EN LA VERDAD DE MI ALMA, NO SOY NADIE MÁS NI SERÉ NADIE MÁS QUE UNO DE LOS 16 HIJOS DEL TELEGRAFISTA DE ARACATACA.

Gabriel Eligio
GARCÍA MARTÍNEZ

12 con

LUISA SANTIAGA
MÁRQUEZ IGUARÁN

Gabo Luis Enrique
Margot Aida Ligia
Gustavo Rita Jaime
Hernando Alfredo
Eligio Yooo
Abelardo
Carmen
Antonio Emy

LA CULTURA CARIBE

El Caribe es un país aparte. Como región abarca la costa Atlántica de Colombia, Venezuela y Panamá, hasta el Golfo de México, el sur de los Estados Unidos, incluyendo las Antillas. No es un mero lugar en el mapa. También tiene una singular identidad cultural, como un colorido mosaico de nacionalidades, razas, tradiciones, leyendas y credos. Muestra una de las caras de América latina la de raíces africanas e indígenas, de rasgos ibéricos, árabes, nórdicos y anglosajones. Sus habitantes, de carácter alegre, expansivo y mamagallista, se identifican con los cantos de su tierra, el baile caliente, los carnavales interminables.

En el Caribe suceden cosas que al resto de los mortales les parecen insólitas, fantásticas, hasta sobrenaturales. Que en América latina la realidad supera a la ficción solo sorprende a quien no conoce estos pagos. En el Caribe todo se potencia, los milagros forman parte de la realidad cotidiana.

150 AÑOS ANTES EN LA MISMA REGIÓN...

El bisabuelo del escritor, Nicolás del Carmen Márquez, llegó a Riohacha a corta edad desde su Castilla natal, junto a su madre viuda. Cuentan que a los diez años conoció a Simón Bolívar cuando el Libertador hizo en 1830 su viaje de la muerte por el río Magdalena. En esa legendaria ciudad de piratas y contrabandistas, el hombre tuvo numerosos hijos naturales y antes de casarse con Luisa Josefa Mejía, se convirtió en un reputado joyero. Tuvieron cuatro hijos. Como eran muy pobres, el primogénito Nicolás Ricardo Márquez Mejía (1864-1937), abuelo de Gabo, se crió en El Carmen de Bolívar, en casa de su abuela materna, junto a su querida prima Francisca Cimodosea Mejía. Sí, la mismísima tía Mama, que luego marcaría de cerca a los pretendientes de la madre del futuro Nobel, con el mismo celo que velaría los sueños de Gabito.

A los 17, Nicolás del Carmen Márquez volvió al pago, donde su padre le enseñó el arte de la platería...

De tal palo, tal astilla. Como buen caribe, el abuelo Nicolás fue otro fornicador desaforado que poblaría la Guajira de hijos ilegítimos. Sea por la comida, el paisaje o los 40 grados a la sombra, el trópico funciona como un potente afrodisíaco. La gente se entrega, precoz, a las más variadas artes amatorias. Aquí el sexo es parte de la religión.

La iniciación sexual con animales es una práctica común entre los costeños de zonas rurales, que escandiliza a los colombianos más recatados.

A los 21, Nicolás se casó con Tranquilina Iguarán Cotes (1863-1947), hija natural de una media hermana del bisabuelo Nicolás y un guajiro. Eran primos, como José Arcadio y Úrsula en Cien años de soledad. Tuvieron tres hijos: Juan de Dios, Margarita y Luisa Santiaga, la madre de Gabito. Ninguno nació con cola de cerdo. En Barrancas, Nicolás se convirtió en un maestro joyero que no sólo fabricaba pescaditos de oro, sino aros, pulseras, cadenas y animalitos.

Más adelante, compraron una finca y, Nicolás se dedicó también a la agricultura, al pie de las Sierras Nevadas de Santa Marta. Sobre todo cultivó la caña de azúcar para destilar el chirrinche, un aguardiente que se vendía de contrabando.

Barrancas era una comunidad tranquila y solidaria, que aprovechaba las laderas de los Montes de Oca para cultivar maíz, frijol, yuca, plátano, café y azúcar.

Fueron tiempos de paz y prosperidad. Que duraron poco. Muy pronto, dos hechos desgraciados iban a torcer el destino de los Márquez Iguarán.

El primer hecho desgraciado fue la Guerra de los Mil Días, la más trágica y sangrienta de todas las contiendas colombianas que, entre 1899 y 1903, dejó un saldo de cien mil muertos, la destrucción casi completa de la producción, el comercio, los medios de comunicación y la inminente pérdida de Panamá, planificada y apoyada por los Estados Unidos. Como la mayoría de los países latinoamericanos, Colombia tiene una historia de guerras civiles, entre unitarios y federales. Esta pugna entre dos modelos de sociedad -una, conservadora, apoyada en el clero, los dueños de la tierra y las fuerzas armadas y otra liberal, formada en el culto a Garibaldi y el radicalismo francés- dio origen a una veintena de guerras civiles en el siglo XIX.

Por principios y por aventura, Nicolás Márquez se alistó en las huestes del general Rafael Uribe Uribe, legendario caudillo liberal que lideró las fuerzas que se alzaron contra el gobierno conservador. Obtuvo el grado de coronel revolucionario.

ESTUVO
A PUNTO
DE SER
FUSILADO.

En algunas batallas debió enfrentarse
a los parientes guajiros de su mujer
y a los dos mayores de sus hijos bastardos.

Frente a la maquina de escribir, muchos años después, Gabo había de recordar las mil y una anécdotas del abuelo Nicolás. La guerra de los Mil Días, que terminó con la derrota de los revolucionarios, fue el gran modelo para las guerras del coronel Aureliano Buendía. Pero el personaje del coronel es la imagen opuesta a la del abuelo, rechoncho y sanguíneo, y corresponde más a la estampa ósea y el carácter austero del general Uribe Uribe.

En la época de las guerras civiles, mi abuelo también tenía muchas aventuras amorosas y fue padre de muchos hijos. Según mi madre, fueron diecisiete.

CREO QUE LE GUSTABA EL *SEXO*... CON O SIN *GUERRA*.

Seis años después de la feroz contienda iba a ocurrir el segundo hecho que cambia la suerte de los Márquez Iguarán, algo que causará una honda impresión en el futuro nieto de Aracataca.

En Barrancas, Nicolás Márquez era un hombre respetado y querido. Fue un hombre feliz hasta que el 19 de octubre de 1908 tuvo que matar en un duelo a su amigo y antiguo compañero de armas, el joven Medardo Romero Pacheco, hijo natural de Medarda Romero y Nicolás Pacheco.

El rumor popular dice: *"La puta de Medarda se anda revolcando con el Arcadio".*

Mientras Nicolás y sus amigos departen en la plaza, alguien comenta por enésima vez: *"Anoche me crucé con la Medarda, seguro que venía de encontrarse con Arcadio..."*

Mientras Nicolás se dice *"¡Pero será verdad!"*, Medarda cuenta a su hijo, un joven alto y fornido que el coronel Márquez: *"Me ha agraviado".*

A sí eran las cosas en este pueblo que seguía una rígida moral here-
dada de los indios guajiros, algunos de cuyos códigos semejan la
vendetta de las mafias sicilianas. Tanto hostigó Medarda a su hijo que no le
dejó otra que asumir la sed de venganza materna contra el coronel. Una
tarde, después de desafiarlo y agredirlo con toda clase de insultos...

Medardo siguió con las provocaciones, mientras el coronel se fue
preparando para el duelo mortal. Vendió la finca y se puso al día con
las deudas. Hasta que a las cinco de una tarde gris, en un callejón sin
salida, bajo una garúa finita...

Medardo se presenta vestido de lino blanco, un blanco perfecto para la puntería del coronel...

Varios años después, el coronel le dice a Gabito:

TÚ NO SABES LO QUE PESA UN MUERTO...

Ay! LO MATASTE...

SÍ. LA BALA DEL HONOR VENCIÓ AL PODER!

Luego de darle la noticia a su mujer, el coronel se entregó en la alcaldía. Tras admitir los cargos en la audiencia, precisó: *"¡Yo maté a Medardo Romero y si resucita lo vuelvo a matar!"* Como el espectro de Prudencio Aguilar con José Arcadio en Cien años de soledad, desde entonces la sombra de Medardo perseguirá al coronel durante toda la vida.

Mientras el coronel Marquez cumplía su condena de un año en la cárcel de Santa Marta, la familia se instaló en Ciénaga, donde vivía una de sus amantes. El paso del cometa Halley, en 1910, marcó el fin de un éxodo de casi dos años cuando a Nicolás lo nombran colector departamental en Aracataca, un caserío de la costa norte a donde los Márquez Iguarán llegan en el flamante tren amarillo para radicarse en ¡la tierra que nadie les había prometido!

Pese a la promesa de la mudanza, la suerte ya estaba echada. El karma familia venía pesado.

Meses después de comprar la casa, muere de fiebre tifoidea Margarita, la hija mayor, de 21 años. Poco antes del último aliento... Con tanta muerte

...SE APAGARON LOS OJOS DE TU CASA.!

a cuestas, el coronel no volvió a ser el de antes. La pérdida de su hija favorita ahondó su melancolía. Para colmo, iba a pasar el resto de su vida esperando una pensión de guerra que nunca llegará. Gabito será la única luz en el otoño del coronel. Y el abuelo, la figura más influyente en la vida del escritor.

Fundada en el margen del río por los indios catacas, descendientes de los bravos chimilas, durante un siglo **ARACATACA** (río del cacique) fue un caserío pacífico que intercambió sus productos agrícolas y artesanías con las comunidades vecinas. Hasta que el descontrol etílico y la viruela acabaron con su cultura, y los colonos aprovecharon para arrebatarles sus tierras. Durante el régimen del general **Rafael Reyes** (1904-1910) en toda la cuenca del Magdalena el cultivo del banano a gran escala trajo una repentina prosperidad. Con la llegada de la **United Fruit Company**, en 1905, el pueblo tuvo una segunda fundación que lo convirtió en cruce de caminos. El tren trajo un flujo inmigratorio incesante, que se reforzó tras la Primera Guerra Mundial, hasta mediados de los años veinte. Las historias y leyendas sobre la bonanza del enclave bananero fueron un imán para aventureros, contrabandistas y putas, la llamada *"hojarasca"*. Se abrieron salones de baile, prostíbulos y casas de juego, mientras se corría la voz de que allí reinaba el pecado, el derroche y el descontrol generalizado.

Se decía que el dinero corría a chorros. Que las familias llegaban hasta con los huesos de sus antepasados. Que proliferaban el vudú y la brujería. Por entonces trajeron el primer cura párroco, Pedro Espejo, más célebre por ciertos milagros que por su labor pastoral.

Esos años también estuvieron marcados por la violencia. Empezó con la matanza de costeños inocentes a manos de patotas de delincuentes. Pero cuando un antioqueño mató a un nativo, la tradicional pica entre costeños y cachacos devino en feroz venganza de todo el pueblo. Durante dos años Aracataca hizo justicia por mano propia, practicando la caza del cachaco. Se había perdido la inocencia. En 1914, la plaga de langosta hizo pensar en la ira de Dios. No sería el único flagelo bíblico.

Para contener el desmadre, Aracataca fue declarada municipio en 1915 y por primera vez el pueblo contó con la autoridad de un alcalde. La población estaba dividida en jerarquías sociales. Los técnicos y gerentes norteamericanos de la compañía hacían rancho aparte. Mantenían el American way of life. Vivían en un barrio alambrado y sólo tenían contacto con la llamada "sociedad", integrada por extranjeros, altos cargos de la compañía y los viejos coroneles y generales, que por su prestigio moral, eran los patriarcas del pueblo. El desdén era mutuo.

MÁS ALLÁ DEL CERCO, ESTÁN LAS CASAS DE LOS "GRINGOS": VIVIENDAS EQUIPADAS PARA COMBATIR EL CALOR Y LOS INSECTOS, CON PORCHES DONDE SE JUEGA A LAS CARTAS, PILETAS, CANCHAS DE TENIS, VERDES JARDINES Y RUBIAS QUE MANEJAN CONVERTIBLES ÚLTIMO MODELO.

En Aracataca, el coronel volvió a dedicarse a la platería y fue tesorero municipal. El mundo aristocrático en que se movían los Márquez Iguarán en Aracataca aparece traspuesto en las novelas de García Márquez donde los Buendía son referentes de Macondo.

Un día de 1924, en pleno esplendor bananero llega al pueblo Gabriel Eligio García, el padre de Gabo. Es el nuevo telegrafista y trae una carta de presentación para el coronel que le ha dado un cura amigo de éste en Cartagena de Indias.

USTED VA A CAER BIEN EN ESA CASA, PORQUE ES UN JOVEN EDUCADO, SIMPÁTICO, QUE TOCA MUY BIEN EL VIOLÍN Y SABE ESCRIBIR VERSOS. QUIZÁS HASTA LLEGA A FORMAR PARTE DE LA FAMILIA, TIENEN UNA HIJA MUY AGRACIADA.

El coronel no sólo lo recibe con afecto, sino que lo invita a comer y lo ayuda a establecerse. Meses más tarde, cuando el joven quiere cortejar a Luisa, sus padres se oponen al pretendiente, que ven como parte de la hojarasca. Gabriel Eligio García Martínez (1901-1984) había nacido en Cincé, Bolívar, una provincia de gente ruidosa y zafada, un estilo opuesto al de los Márquez Iguarán. Al coronel no le gusta para su hija, su más preciado tesoro, porque es bastardo, morocho, pobre y, para colmo, conservador. Pero no hay peor astilla que la del mismo palo: Gabriel Eligio es tan calavera como él.

USTED ES LA CAUSANTE DE MIS DESVELOS Y LE ASEGURO QUE NO HAY OTRA MI CORAZÓN. NECESITO QUE MAÑANA ME DÉ SU RESPUESTA.

Una tarde de 1925, Gabriel se le declara a Luisa y le propone matrimonio. En un segundo plano, la tía Francisca Cimodosea vigila:

ESTE TIPO NO ME GUSTA NADA. ES RARO. SE DICE POETA Y SE LAS DA DE HOMEÓPATA Y VIOLINISTA PERO A MÍ NO ME ENGAÑA, SE NOTA QUE NO ES MÁS QUE UN AVENTURERO.

Como Luisa no puede cumplir con el plazo porque la tía no los deja un minuto solos, acuerdan una cita para el día siguiente, a la salida de la misa.

¿Y ENTONCES?

TENGO DUDAS, USTED ES MUY ENAMORADIZO.

SI NO SE COMPROMETE CONMIGO, SEÑORITA MÁRQUEZ, NO ESPERO. PARA MUCHAS CATAQUERAS YO SOY UN GRAN NOVIO EN POTENCIA.

¿QUÉ ME PROMETE?

QUE SÓLO MUERTO NO ME CASO CON USTED!

YO TAMBIÉN: SÓLO MUERTA NO ME CASO CON USTED. PERO RECUERDE QUE MI FAMILIA NO QUIERE QUE ME CASE TODAVÍA Y LLEGARÁ A EXTREMOS PARA EVITARLO.

Cuando el coronel se entera, pone el grito en el cielo al punto que no vuelve a hablarle al telegrafista y le cierra la entrada a la casa. Pero la oposición frontal sólo aviva el fuego y los novios se las ingenian para burlar todos los obstáculos. Se envían mensajes para verse a escondidas e intercambian cartas. Cada vez, Gabriel se muestra más osado.

Un día le entrega un pañuelo con unos versos suyos:

Y LA ORQUÍDEA GALANTE A LA ORILLA DEL RÍO LA DESVISTE EL VERANO Y LA VISTE EL INVIERNO. Y NO SIENTE EL PASADO, NO LO SIENTE, AMOR MÍO.

Para poner distancia, deciden que Luisa y su madre se vayan de viaje. Los padres no cuentan con que Gabriel tendrá en cada pueblo un telegrafista cómplice para comunicarse con su novia. Tranquilina recién cae en la cuenta de la inutilidad de sus esfuerzos cuando al desembarcar en Santa Marta, ve a Gabriel Eligio, vestido de punta en blanco, esperando a su novia. Los amores contrariados de sus padres inspirará *El amor en los tiempos del cólera,* la novela favorita de García Márquez.

Luisa se queda en santa marta, en casa de su hermano Juan de Dios. Mientras el telegrafista pide su traslado a Riohacha, ella le escribe a monseñor Espejo, vicario del pueblo, para que interceda ante sus padres. A regañadientes dan su consentimiento para la boda, que se celebra el 11 de junio de 1926. Tocado en su orgullo, el novio exige que sus suegros no estén presentes. En una goleta, la pareja parte hacia la legendaria ciudad que sir Francis Drake asaltó en el siglo XVI a orillas del Caribe.

Cuando los padres se enteran del embarazo de su niña, buscan recomponer la relación. Gabriel se mantiene firme, mientras cada semana reciben frutas, dulces, ropita de bebé y otros regalos. El esposo recién afloja cuando su cuñado les dice que Tranquilina está postrada por el disgusto. Luisa vuelve sola a Aracataca para dar a luz en casa de sus padres. En el sopor de aquel domingo del 6 de marzo de 1927, mientras el coronel asiste a la misa de ocho, la muerte ronda la casa. El bebé se demora mientras la madre se va en sangre, hasta que llaman a Juana de Freites, una caraqueña exiliada que con sus ejercicios respiratorios y masajes mágicos salva a ambos de una muerte segura.

EL PAÍS DE LA INFANCIA

Gabriel Eligio conoce a su hijo meses más tarde. La pareja vuelve un tiempo corto a Aracataca, antes de mudarse a Barranquilla en enero de 1929 con el segundo hijo recién nacido. Allí Gabriel Eligio monta una farmacia para dedicarse a su verdadera vocación: la homeopatía. Con la masacre de las bananeras, en diciembre de 1928, empieza la decadencia de Aracataca, que destapa los problemas de fondo.

DESEMPLEO PAUPERIZACIÓN HACINAMIENTO ALCOHOLISMO PROSTITUCIÓN TUBERCULOSIS ENFERMEDADES VENEREAS

De la mano de los líderes sindicales, los trabajadores de las bananeras declaran la huelga total en la zona, en reclamo de mejoras. En **CIÉNAGA** redactan un petitorio de nueve puntos:

PLIEGO DE PETICIONES

- ESTABLECIMIENTO DEL SEGURO COLECTIVO DE SALUD.
- REPARACIÓN EN CASO DE ACCIDENTE LABORAL.
- DESCANSO DOMINICAL REMUNERADO Y VIVIENDAS HIGIÉNICAS.
- AUMENTO DEL SALARIO EN UN 50%.
- CESACIÓN DE LOS COMISARIATOS.
- INSTAURACIÓN DEL PAGO SEMANAL EN LUGAR DEL QUINCENAL.
- CESE DE LOS CONTRATOS INDIVIDUALES Y VIGENCIA DE LOS COLECTIVOS
- UN HOSPITAL POR CADA 400 TRABAJADORES.
- UN MÉDICO POR CADA 200, AMPLIACIÓN E HIGIENIZACIÓN DE LOS CAMPAMENTOS DE LOS TRABAJADORES.

ALBERTO CASTRILLO • ERASMO CORONEL • EDUARDO MAHECH

UNIÓN SINDICAL DE TRABAJADORES DEL MAGDALENA

Pese a lo justo del reclamo, la huelga está condenada de antemano. Como sucedía en los países centroamericanos y en el Caribe la United Fruit funciona como un poder camuflado, con una economía de enclave. En Colombia, la compañía le quita validez a los reclamos con el argumento de no tener trabajadores a su cargo. Encima, cuenta con el guiño obsecuente del régimen conservador de Miguel Abadía Méndez para hacer lo que le da la gana. En el momento de la matanza, Gabito tiene menos de dos años, pero el tema se va a convertir en obsesión literaria. García Márquez recrea en Cien años de soledad, la trampa mortal que les tendió el gobierno a las trabajadores, concentrados en la estación de Ciénaga para marchar a Santa Marta y entregar su petitorio al gobernador.

CAPITÁN (POR EL ALTAVOZ): SEÑORAS Y SEÑORES, TIENEN CINCO MINUTOS PARA RETIRARSE

LOS HUELGUISTAS SON UNA CUADRILLA DE MALHECHORES POR LO QUE SE FACULTA AL EJERCITO PARA MATARLOS A BALA.

Decreto N°4

Más de tres mil personas, entre trabajadores, mujeres y niños, desborda el espacio descubierto frente a la estación y se apretujan en las calles adyacentes donde el ejército cerró con filas de ametralladoras. José Arcadio Segundo está entre la muchedumbre que se concentra en la estación desde la mañana del viernes.

¡Ay, mi madre!

¡FUEGO!

¡Tirense al suelo!

CAPITÁN: ¡HAN PASADO CINCO MINUTOS. UN MINUTO MÁS Y SE HARÁ FUEGO!

JOSÉ ARCADIO SEGUNDO: ¡CABRONES! LES REGALAMOS EL MINUTO QUE FALTA.

Cuando José Arcadio Segundo despertó estaba bocarriba en las tinieblas. Se dio cuenta de que iba en un tren interminable y silencioso... Entonces descubrió que estaba acostado sobre los muertos.

Cuando llegó al primer vagón dio un salto en la oscuridad, y se quedó tendido en la zanja hasta que el tren acabó de pasar. Era el más largo que había visto nunca, con casi doscientos vagones de carga...

Tratando de fugarse de la pesadilla, se arrastró de un vagón a otro, y en los relámpagos que estallaban por entre los listones de madera al pasar por los pueblos dormidos veían los muertos hombres, los muertos mujeres, los muertos niños, que iban a ser arrojados al mar como el banano de rechazo.

García Márquez creció con la idea de que los muertos habían sido miles y al descubrir que los expedientes decían que eran siete, se preguntó de qué masacre podía hablarse.
Entonces convirtió los racimos de guineo en muertos, y fue llenando los vagones del tren que con siete cadáveres no podía llenar.

ENTONCES DIJE EN LA NOVELA QUE HABÍAN SIDO TRES MIL LOS MUERTOS DE LA MASACRE, Y LOS LANCÉ AL MAR. ESO JAMÁS EXISTIÓ. FUE UN INVENTO.

Llovió cuatro años, once meses y dos días...

No fue un invento suyo, sino del imaginario popular. Después de la matanza, el pueblo se volvió contra la United Fruit. Otros dos hechos van a precipitar su retirada de la región: el crack económico del '29, que bajó las cuotas de exportación, y las inundaciones del 32, otro fenómeno que fascinará a García Márquez.

pedido de los abuelos, Gabito se queda en el caserón de Aracataca, una costumbre extendida en el Caribe, sobre todo en las familias pobres. Los García Márquez tendrán una decena de hijos más en medio de una pobreza a veces extrema. El primogénito se cría en una ¡casa tomada!, entre mujeres y fantasmas. La infancia será su "¡demonio!" literario más fecundo, fuente esencial de todo lo que escribe.

"TUVE UNA INFANCIA PRODIGIOSA. MIS ABUELOS ERAN SERES FABULOSOS. TENÍAN UNA CASA ENORME, LLENA DE FANTASMAS. ERA UNA GENTE CON UNA GRAN IMAGINACION Y SUPERSTICION. EN CADA RINCON HABIA MUERTOS Y MEMORIAS, Y DESPUES DE LAS SEIS DE LA TARDE LA CASA ERA INTRANSITABLE.

ERA UN MUNDO PRODIGIOSO DE TERROR. HABIA CONVERSACIONES EN CLAVE."

Pese a que Gabito se convierte en el centro de todos los afectos, quizás la partida materna planta el germen de la soledad, dejándole el dolor del abandono y un hueco afectivo por aquel primer idilio que no fue. El primer encuentro con su madre ocurre a los tres años y medio, cuando ella asiste al bautismo conjunto de Gabito y Margot, la hermana que come tierra, en diciembre de 1930.

SALUDA A TU MAMÁ

¿ESTA ES MI MAMÁ?

ME ABRAZÓ Y TUVE MUCHO MIEDO PORQUE SENTÍ QUE NO LA QUERÍA COMO SE SUPONE QUE UNO DEBE QUERER A UNA MADRE. SÓLO LA RECUERDO A PARTIR DE ESE MOMENTO.

Es el principio de "la relación más seria" de su vida, tal como la define años después el propio García Márquez. Hasta allí, mamá es un ser compuesto con piezas de la abuela Tranquilina y de sus tías.

LA ABUELA TRANQUILINA era una mujer menuda y dinámica, de cabellos grises, cuya visión nublada por las cataratas no le impedía supervisar la cocina y estar al frente de la panadería doméstica.

Elvira Carrillo, LA TÍA PA, hija natural del coronel Márquez y Manuela Carrillo, había llegado a Aracataca a los 20 años, donde fue bien recibida por Tranquilina, que la adoptó como su hija afectiva.

La abuela Tranquilina

HAGAN CARNE Y PESCADO. NUNCA SE SABE LO QUE LE GUSTA A LA GENTE QUE LLEGA.

la tía PA

Voy al corredor de las begonias

ES UN HUEVO DE BASILISCO. ¡DEBES HACER UNA HOGUERA EN EL PATIO DE TU CASA Y QUEMARLO!

LA TÍA MAMA

la tía Nana

Oriunda de El Carmen de Bolívar, Francisca Cimodosea Mejía, LA TÍA MAMA, era la gran matriarca de la casa. Mujer incansable e imaginativa, también era considerada la sabia consejera del pueblo.

Wenefrida Márquez, LA TÍA NANA, era la hermana del alma del coronel, que pese a vivir en otra casa junto a su esposo, ejercía su autoridad como las otras mujeres.

MAMBRÚ SE FUE A LA GUERRA, NO SÉ CUANDO VENDRÁ...

Natural de la Guajira, tierra de brujos, indios y contrabandistas, para Tranquilina Iguarán Cotes no había fronteras entre los vivos y los muertos. Se pasa el día dando órdenes, cantando y delirando de una punta a otra de la casa mientras el nieto no para con sus demandas y preguntas.

Aunque ella conteste un disparate, tiene un modo de contar a "cara de palo", que hace que el nieto siempre se crea el cuento.

ABU, ¿QUIÉN ES MAMBRÚ Y A QUE GUERRA SE FUE?

EL FUE UN SEÑOR QUE LUCHÓ CON TU ABUELO EN LA GUERRA DE LOS MIL DIAS...

Cuando el nieto se pone insoportable, la abuela pierda su calma habitual, exclamando: "*¡Carajo, este niño es una conduerma!*". Pero ella sabe qué hacer para inmovilizarlo. Por las noches, le narra cuentos de muertos y fantasmas, y canciones que cuentan historias que ella misma inventa.

SI TE MUEVES, VENDRÁ LA TÍA PETRA, QUE ESTÁ EN SU CUARTO, O EL TÍO LÁZARO, QUE ESTÁ EN AQUÉL, A VER POR QUÉ HAY TANTO ALBOROTO.

"Por las noches se materializaban todas las fantasías, presagios y evocaciones de mi abuela. Esa era mi relación con ella: una especie de cordón invisible mediante el cual nos comunicábamos ambos con un universo sobrenatural. De día, ese mundo mágico me resultaba fascinante; en la noche me causaba terror."

Para Tranquilina cualquier hecho natural tenía una interpretación sobrenatural:

Si una mariposa entraba volando por la ventana, ella decía: ¡Hoy llega carta!

Si la leche hirviendo se derramaba en la cocina: ¡Debemos tener cuidado, hay un enfermo en la familia!

Mientras, la tía Francisca se ocupa de Gabito y su hermanita Margot que también vivía en la casa. Los baña, les da de comer, los viste, los lleva a rezar el rosario a la iglesia, los ayuda en las tareas y vela sus sueños, ya que duerme en la misma habitación. A veces intenta tirarle un cable a tierra Tranquilina:

MINA, ERES UNA PENDEJA. NICOLÁS TE ENGAÑA CON OTRAS MUJERES Y TÚ NO TE DAS CUENTA.

Pero Tranquilina anda en otra onda, protegiendo a la familia con sus supersticiones, como acostar a los chicos antes de que salgan las ánimas o sentarlos si estaban acostados mientras pasaba un entierro, para que no se mueran con el muerto que pasa. La tía Francisca también tiene lo suyo. Al quedar postrada por una insuficiencia renal, le pide a Elvira que le borde su mortaja, y le arme un altar para rezarle el novenario cuando muera.

...Y POR QUE HACES UNA MORTAJA?

¡NIÑO!... PORQUE ME VOY A MORIR

Como únicos varones en un matriarcado, entre el abuelo sexagenario y su nieto se genera un vínculo afectivo de fuerte complicidad. Para García Márquez, el abuelo se convierte en la figura más entrañable. El viejo coronel lo lleva de la mano a todas partes, mientras le cuenta sus aventuras de guerra y el triste recuerdo de haber matado a un hombre. Con él conoce el mundo exterior, el pueblo y sus personajes. También, a los amigos del coronel, que hablan de política y de la historia del país. De modales suaves y palabras precisas, el abuelo es un remanso en medio de tanta zozobra que le genera la abuela. Cuando ella sale con alguna extravagancia, el abuelo le dice aparte: "Olvídate de eso, son creencias de mujeres".

En medio de las plantaciones de banano, lo lleva a bañarse en las quebradas de agua fría y cristalina que bajaba de las sierras, entre piedras pulidas, blancas y grandes como huevos prehistóricos..
Una noche, después de ver un dromedario, el nieto recibe una clase de zoología.

> A VER, MI NAPOLEONCITO, ÉSTE ES EL DROMEDARIO Y ÉSTE, EL CAMELLO. ¿VES LA DIFERENCIA? AQUÍ ESTÁ EL ELEFANTE...

Una tarde, Gabito entra diciendo que en el comisariato de la compañía bananera ha visto unos pescados duros como piedras.

> ¡ESTÁN CONGELADOS!

> ¿QUÉ ES CONGELADO, PAPALELO?

> CUANDO ALGO SE ENDURECE PORQUE LO METEN EN HIELO.

> ¿QUÉ ES EL HIELO?

El abuelo lo lleva a la esquina, hace abrir la caja de pargos y le enseña la maravilla del hielo en el pueblo más caliente de la tierra. García Márquez atesorará entre esos recuerdos el de los viajes en goleta a las islas de Curazao y Aruba, donde el abuelo compraba perfumes y camisas de seda, que entraba de contrabando.

EN ARACATACA VIVEN LOS PERSONAJES MÁS INSÓLITOS, QUE SE CONVERTIRÁN EN CRIATURAS NOVELESCAS

LOS CURANDEROS QUE LES SACABAN LOS GUSANOS A LAS VACAS CON SUS REZOS MÁGICOS...

¿HAS TENIDO RELACIONES SEXUALES CON MUJERES O CON ANIMALES?

Y EL DECAPITADO DE LA PLAZA DE BOLÍVAR QUE SEGUÍA MONTANDO EN SU BURRO, DESPUÉS DE UN MACHETAZO...

Y EL HOMBRE AL QUE LE HABÍAN METIDO UN SAPO EN LA BARRIGA ...

Y EL MUERTO QUE HABITABA LA CASA DE AL LADO, QUE GABITO RECONOCIÓ POR SUS HERMOSOS DIENTES DE NEGRO QUE ALUMBRABAN EN LA PENUMBRA...

En medio de ese mundo, el taciturno Gabito no siente el menor interés por aprender a leer y a escribir. Su gran pasión es el dibujo.

prende a leer y a escribir en 1935, a los ocho años, en la Escuela Montessori fundada por Rosa Elena Fergusson, su primera maestra, que le contagia su fervor por la poesía del Siglo de Oro español.

POR TI EL SILENCIO DE LA SELVA UMBROSA,
POR TI LA ESQUIVIDAD Y APARTAMIENTO
DEL SOLITARIO MONTE ME AGRADABA;
POR TI LA VERDE YERBA, EL FRESCO VIENTO
EL BLANCO LIRIO Y COLORADA ROSA
Y DULCE PRIMAVERA DESEABA.

¡COÑO! ¡ESTO ES UNA MARAVILLA!

Un día mientras revuelve en el cuarto donde los abuelos guardaban los cachivaches y recuerdos, Gabo encuentra un libro sin tapas. Era Las mil y una noches, de Scherezada, quien tiene la misma forma de narrar a "¡cara de palo!" de la abuela. Desde entonces la lectura le fascina más que jugar, comer o pintar. Luego, lee a Perrault, los hermanos Grimm, Dumas, Salgari y Verne.

Mientras Gabito hacía el preescolar, sus padres vuelven a radicarse en Aracataca, en 1934. El 1 de diciembre, conoce a su padre, a los siete años, cuando Gabriel Eligio cumplía 33.

Los García Márquez alquilan una casa cerca de la de los abuelos. El padre monta otra farmacia y obtiene una licencia para ejercer la homeopatía.

En diciembre de 1936, la familia alza campamento una vez más. Se van a Cincé, el pueblo natal de Gabriel Eligio, con la idea de ampliar sus horizontes laborales. El padre lleva primero a los dos hijos mayores para que conozcan a la abuela paterna. El nieto predilecto no volverá a ver al abuelo venerable, que muere de pulmonía tres meses después de su partida. Su décimo cumpleaños marca el fin de la infancia.

¡TE FELICITO! CUMPLES LA EDAD DE CRISTO...

CON QUE ESTE ES MI PAPÁ. ¡QUE RARO! NADA QUE VER CON EL ABUELO...

En Aracataca todo se lo llevará el viento. Nadie piensa entonces que ese chico tímido, fóbico y solitario siente una furia sorda. En palabras de Albert Camus, nace un hombre rebelde, alguien que dice no, un escritor. Faltan quince años para que se enfrente con la ruina y la desolación del país de su infancia. Y otros tantos para contársela al mundo, a "cara de palo" y que todos se crean el cuento.

El adulto precoz

La entrada en la casa paterna de Gabito es un alivio para su madre. Más que como un hijo, ella lo ve como un aliado. Alguien con quien se entiende, con quien puede contar para pensar los problemas domésticos, que no son pocos ni gratos. Como en Cincé no les ha ido bien, hacia 1938 los García Márquez vuelven a Barranquilla, donde les va peor. Son dos años muy malos en que Gabito tiene que rebuscar un peso para hacer su aporte a la precaria economía doméstica. Por su cuidada caligrafía, consigue su primer trabajo dibujando carteles para el almacén de la esquina.

Su primer golpe de suerte llega el día que gana veinticinco pesos, por pintar en el patio de su casa un cartel de una línea de buses del Barrio Abajo donde viven. Alcanza para un banquete y comprar algunos muebles, cuando está a punto de nacer el séptimo hijo. No es un tiempo feliz para Gabito, que se siente un extraño en casa de sus padres. Mientras la relación con su madre es cordial y seria con diálogo y humor, la del padre está signada por la ausencia y la falta de entendimiento mutuo.

Cuando empieza a vivir con los padres, trae afianzada la figura del abuelo como modelo masculino. No sabe cómo tratar a su padre, la antítesis del coronel. Estos difieren en todo, desde el carácter, el sentido de la autoridad, la relación con los hijos, hasta en la percepción de la vida. De su vieja rivalidad, García Márquez se enterará años más tarde. El conflicto se instala entre padre e hijo y no pasa a mayores porque Gabito se hace cada menos más retraído y opta por borrarse la mayor parte del tiempo. El padre lo considera el nene malcriado del viejo coronel y un "mentiroso". Tiene razón, pero no se da cuenta de que en esa capacidad innata para fabular reside su mayor potencial.

Gabito dramatiza un tanto. El padre es medio cabrón, pero no un mal bicho. Su madre lo ha tenido a los 14 años y a su padre biológico, casado y con cinco hijos, jamás le importó. Por otra parte, el abuelo tampoco había sido un santo.

El espíritu errante de su padre, en noviembre de 1939, los lleva a Sucre. Con el mismo sentido práctico del abuelo, Gabo se ocupa de la mudanza en todos sus detalles. Con doce años, se comporta como un adulto. En esa comunidad solidaria viven doce años. Allí nacen los cuatro García Márquez menores y la familia pasa su primera época de paz y relativa felicidad. En enero de 1940 Gabo se va a cursar el bachillerato como pupilo, primero a Barranquilla y después a Zipaquirá. Vuelve sólo para las vacaciones, y a sus hermanos les queda la impresión de un muchacho flaco y solitario que habla poco y lee mucho. Sucre, donde se ambientan algunas de sus novelas y cuentos, será su contacto con la cultura caribe, los bailes, los amigos y los afectos.

uego de hacer los primeros años del bachillerato en el colegio jesuita San José en Barranquilla, en 1943 Gabo viaja a Bogotá en busca de una beca para costear sus estudios. La travesía que repite una decena de veces será una de las experiencias más fascinantes de su vida. Una semana demora el barco, como los de Mark Twain, en remontar el río Magdalena hasta Puerto Salgar, al pie de los Andes orientales. Gabo viaja con otros chicos costeños, con los que canta boleros y vallenatos para ganarse unos pesos.

... aunque no quiera yo ni quieras tú lo quiere Dios,

y hasta la eternidad te seguira mi amoooor...

Fuente de nostalgia, este viaje encantado por el Magdalena se transforma en el río del amor en *EL AMOR EN LOS TIEMPOS DEL CÓLERA*, en el río de la muerte en *EL GENERAL EN SU LABERINTO* y en *"El río de la vida"* de NOTAS DE PRENSA, donde dice:

"...pasaba de noche como un pueblo iluminado y dejaba un reguero de músicas y sueños en los pueblos sedentarios de la ribera."

n Puerto Salgar, se reanuda la fiesta a bordo del tren que trepa la cordillera. El hombre que leía en el barco le pide a Gabito el favor de anotarle la letra de uno de los boleros para su novia en Bogotá, y éste le enseña algo de la melodía. La tarde que llega Gabo a la ciudad de los cachacos por primera vez la recuerda como la más triste de su vida.

Le falta el aire por la altura y desde el tranvía, Bogotá le parece "¡remota y lúgubre!".

Existe un violento contrastre entre su mundo Caribe y el de los Andes. Al día sigiente, mientras hace la cola frente al ministerio de Educación...

PERO TÚ, ¿QUE HACES AQUÍ?

ESTOY HACIENDO LA COLA PARA EL EXAMEN DE BECAS...

NO SEAS PENDEJO,.. VEN CONMIGO.

Era su día de suerte. El enamorado del barco es Adolfo Gómez Tamara, director nacional de Becas, un joven abogado costeño. Le dice a Gabo que si le presenta un buen examen tendrá su beca sin más trámite.

44

Como "¡un convento sin calefacción ni flores!" ha de recordar Gabo al Liceo Nacional de Varones donde cursa los últimos años del secundario en Zipaquirá, una pequeña ciudad colonial a 50 kilómetros al noroeste de Bogotá. No es tan malo. Cada noche, un profesor lee en voz alta un capítulo de La Montaña mágica, Los tres mosqueteros, Madame Bovary, El Conde de Monte Cristo y otras novelas. Gracias al colegio y a los profesores progresistas que orientan sus lecturas, se vuelve loco por la literatura. En sus encierros de fin de semana, se lee toda la biblioteca.

Ya no es tan huraño ni tan solitario. En cuarto año empieza a escaparse por las noches con sus amigos y visita a sus novias del pueblo. En las vacaciones, el calor, el olor de la guayaba, los vallenatos y las lecturas a la sombra de los mangos, le devuelve el alma al cuerpo. En un baile de estudiantes, una chica de trece años lo cautiva. Se llama Mercedes, la hija mayor de los Barcha Pardo, vecinos y amigos de sus padres.

45

El movimiento poético "Piedra y Cielo" está de moda. Carlos Martín, el benjamín del grupo, es rector del liceo hasta lo echan. Antes, introduce a Gabo en la obra de Rubén Darío, cuya niñez tiene muchísimos parecidos con la suya.

ERAN LOS TERRORISTAS DE LA ÉPOCA.
ME APORTARON EL ELEMENTO DE REBELDÍA CONTRA EL ACADEMICISMO. CUANDO VI LO QUE ESOS POETAS SE ATREVÍAN A HACER, ME SENTÍ ALENTADO PARA SEGUIR EN LA LITERATURA.

Escribe sus primeros cuentos y poemas bajo el estímulo de su profesor de castellano Carlos Calderón Hermida, quien lo guía por las buenas lecturas. Además de los clásicos —Homero, Virgilio, Sófocles, Dante, Shakespeare, Tolstoi—, el Siglo de Oro y la literatura colombiana. Cada vez que se manda una macana, el "castigo" es escribir un cuento. El primero se llama "Psicosis obsesiva" y tiene una onda kafkiana, aunque Gabo aún no conoce al autor de La metamorfosis. Su cuento trata de las peripecias de una chica que se convierte en mariposa.

ERES POETA, PERO DEBES CULTIVAR TU PROSA, LEER MUCHOS CUENTOS Y NOVELAS PARA QUE SEAS EL PRIMER NOVELISTA DE COLOMBIA.

Para complacer a su padre, en 1947 Gabo se anota en la Universidad de Bogotá para estudiar Derecho. Pero no hay caso. Se aburre en clase y pasa la mayor parte del tiempo fuera de allí. En los cafés intercambia versos con otros compañeros tan locos por la letras como él. Con sus amigos cachacos —el futuro cura guerrillero Camilo Torres, Gonzalo Mallarino, Luis Villar Borda y Plinio Apuleyo Mendoza— conforma el primer grupo literario y afectivo.

Con 700.000 habitantes, Bogotá se cree "la Atenas de América". Tiene ínfulas de pueblo castellano con mentalidad colonial y además copia la moda inglesa. A 2700 metros sobre el nivel del mar, abundan las iglesias, los conventos y los cafés literarios. Gabo ya usa bigotes, el pelo largo y fuma como un murciélago. Desentona con sus trajes a la cubana y corbatas estridentes. Un día, Luis Villar Borda le presenta a Plinio Apuleyo Mendoza, su futuro compañero de aventuras periodísticas.

ES UN MASOQUISTA TÍPICO. UN DÍA APARECE EN LA UNIVERSIDAD DICIENDO QUE TIENE SÍFILIS. OTRO, QUE TIENE TUBERCULOSIS. SE EMBORRACHA, NO SE PRESENTA A LOS EXÁMENES, AMANECE EN LOS BURDELES...

LÁSTIMA. TIENE TALENTO, PERO ES UN CASO PERDIDO.

Gabo es un marginal sin brújula en una ciudad en la que se muere de frío y soledad. Tiene la sensación de sobrar, de ser extranjero en todas partes menos en el Caribe.

ive en una modesta pensión de estudiantes costeños, donde comparte una habitación. Para escapar de la melancolía, los sábados organiza parrandas borrascosas con los amigos costeños, entre ellos, Cayetano Gentile Chimento, el futuro muerto Santiago Nasar de Crónica de una muerte anunciada.

Mata los domingos en los tranvías circulares, que por cinco centavos le permiten dar infinitas vueltas a la ciudad mientras lee poemas como un poseído. Al tiempo cae en sus manos el libro que despierta su interés por la novela: La metamorfosis, de Franz Kafka, traducido por un tal Jorge Luis Borges.

Al despertar Gregorio Samsa una mañana, tras un sueño intranquilo, encontróse en su cama, convertido en un monstruoso insecto.

¡CARAJO! ¡ASÍ HABLABA MI ABUELA! DE MODO QUE ESTO SE PUEDE HACER. SI ES ASÍ, ESCRIBIR ME INTERESA.

Al día siguiente se sienta a escribir "La tercera resignación", cuento de notable influencia kafkiana, además de ser "una parábola autobiográfica", al decir de Gonzalo Mallarino. Cuenta la historia de un chico de siete años que tras morir de fiebre tifoidea, permanece 18 años como un muerto vivo mientras su cuerpo crece hasta los 25 dentro del mismo cajón. Mientras su madre lo cuida, sufre tres muertes sucesivas. La mayor desgracia del personaje es que mantiene intacta su lucidez en tanto se tortura ante su destino.

El cuerpo estaba rígido y la cadaverina había empezado a hacer sus efectos. Se estaba pudriendo.

PRONTO ME LLEVARÁN A DORMIR MI SEGUNDA MUERTE ENTRE LOS OTROS MUERTOS.

PERO QUIZÁS NO ESTÉ MUERTO Y SI ES ASÍ... ¡ME VAN A ENTERRAR VIVO!

L a primera oportunidad de su vida se presenta en las líneas de la columna "La Ciudad y el Mundo" que el escritor Eduardo Zalamea Borda firma con el seudónimo Ulises en el diario **El Espectador.** El párrafo final dice:

Aunque la producción literaria nacional no es abundante entre la juventud, las páginas del suplemento literario están abiertas de preferencia a las colaboraciones de los escritores colombianos. Espero con ansiedad las que me envíen los nuevos poetas y cuentistas desconocidos e ignorados por falta de una adecuada y digna divulgación de sus escritos.

Envía su cuento de inmediato. Grande es su sorpresa cuando dos semanas más tarde ve a alguien leyendo **La tercera resignación** en letras de molde. Luego de publicarle otros dos cuentos mórbidos, Zalamea Borda saluda a García Márquez desde El Espectador:

"Con Gabriel García Márquez nace un nuevo y notable escritor. No dudo de su talento, de su originalidad, de su deseo de trabajar."

Veinte años después, el libro **OJOS DE PERRO AZUL** reune los cuentos escritos entre 1948 y 1953. Los originales de los primeros serán devorados por las llamas del Bogatozo, a punto de estallar.

El asesinato a tiros del líder liberal Jorge Eliécer Gaitán, el 9 de abril de 1948, es la chispa que hace estallar la insurrección popular espontánea que prende fuego a Bogotá, con una violenta onda expansiva que cubre el país. El cruento episodio conocido como El Bogotazo deja cientos de muertos en las calles devastadas por incendios, saqueos e incidentes. Y acelera el ciclo de "La Violencia", una larga lucha entre facciones que empieza dos años antes con el acceso al poder de la minoría conservadora.

Fidel Castro, que será uno de sus mejores amigos, está en Bogotá con otros universitarios cubanos con el fin de organizar el Congreso de Estudiantes Latinoamericanos —que Gaitán apoyaba— en respuesta a la IX Conferencia Panamericana impulsada por Washington para atajar "el peligro comunista". Cuando Castro se entera de que la policía lo persigue para utilizarlo como chivo expiatorio, se refugia en la embajada de su país. A consecuencia del Bogotazo, se cierra la universidad y Gabo se queda sin techo, sin estudios y sin cafés literarios. Vuelve entonces al Caribe donde ingresa al periodismo y en los grandes temas de su obra, empezando por la violencia.

Antes en Cartagena, luego en Barranquilla, los primeros pasos de Gabo en el periodismo, coinciden con el período más negro de La Violencia, bajo los gobiernos conservadores de Ospina Pérez, Laureano Gómez y Urdaneta Arbeláez, hasta el golpe del general Rojas Pinilla. Esta etapa costeña constituye un momento clave en su formación como escritor.

En mayo de 1948, Gabo se radica en Cartagena para seguir los estudios de Derecho que aborrece. Al toparse con un amigo, el médico y escritor Manuel Zapata Olivella, le pide el favor de presentarle a Clemente Manuel Zabala, jefe de redacción del recién fundado diario *El Universal*. Así consigue su primer empleo como periodista. En la sección Comentarios, Zabala le da la bienvenida...

Saludo a Gabriel García Márquez

El estudioso, el escritor, el intelectual, en esta nuevo etapa de su carrera, expresará en estas columnas todo ese mundo de sugerencias con que impresionan su inquieta imaginación las personas, los hombres y las cosas.

EL UNIVERSAL, Mayo 20 1948

Maestro de periodistas, Zabala lo ayuda a encontrar un estilo propio a fuerza de tachaduras y reescrituras reiteradas.

El periodismo será una escuela de estilo que devendrá en género literario en sus reportajes.

En la costa García Márquez logra integrar literatura y realidad, que en Bogotá carecen de correspondencias. En veinte meses, desarrolla una intensa labor periodística, de redacción anónima, mientras sigue enviando sus cuentos a El Espectador. Adonde va, Gabo busca (y encuentra) un continente afectivo-formativo. En Cartagena, el grupo está compuesto por Clemente Zabala, Héctor Rojas Herazo y Gustavo Merlano Ibarra, cómplices en el trabajo, la literatura y la vaina. Entonces comienza a escribir un libro interminable —La casa— en largas tiras de papel periódico, que lleva a todas partes para leer a los amigos. Ellos lo apodan "el mamotreto". A veces, se reúnen en la finca de la familia de otro amigo, Ramiro de la Espriella, en Turbaco.

En el aire, revolotean sus obsesiones: la casa, las guerras civiles, el drama de Aracataca, la soledad.

Años después, García Márquez reconoce que aquel embrión de **Cien años de soledad** era "un paquete demasiado grande" para su inexperiencia. Del "mamotreto" se irán desprendiendo varios retoños, entre ellos, su primera novela **La hojarasca**.

A la mágica Cartagena lo une una relación amor-odio que dura veinte años. No olvidará el hambre, el sueldo miserable del diario y el rechazo de un sector de la sociedad por su origen provinciano. Entonces no parece importarle. El tiene un sueño, una obsesión. Quiere ser escritor y está dispuesto a todo.

> *En una de las primeras notas se puede encontrar la idea de Macondo como aldea universal:*

> Recordaría **Las Mil y una noches**. Diría el hechizo de las alfombras mágicas que con solo oír una voz se llevan al hombre por encima de los camellos y montañas... Hablaría de aquella aldea anónima, pastoril, que pasó una vez a la orilla de nuestra viaje. Diría que el vientre de la aldea estaba curvado. Lleno de una gravidez frutal, de un silencio que se parecía en algo al de una madre dormida. Que más allá, desenvuelto, estaba el río indispensable. Y que venía mansamente, habitado de racimos y de niños, como si no corriera el paisaje sino por la memoria de la aldea.
> El Universal, 26 de mayo, 1948

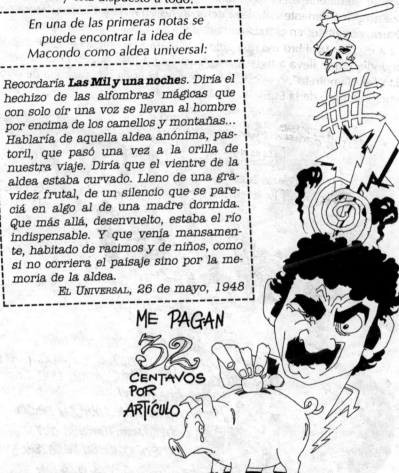

ME PAGAN 32 CENTAVOS POR ARTÍCULO

Como Aracataca, Sucre, Valledupar y Barranquilla, Cartagena forma parte del semillero literario, donde se ambientan dos libros de cuentos y las novelas **El otoño del patriarca** (1975), **El amor en los tiempos del cólera** (1985), **El general en su laberinto** (1989) y **Del amor y otros demonios** (1994).

Ávido de experiencias, casi no duerme. Vive de noche. Después del cierre, abandona la redacción en la madrugada, y suele visitar "la casa de camas alquiladas de Matilde Arenales", o el hervidero del muelle de la Bahía de las Ánimas, donde está el mercado central. Otras veces, se da una vuelta por las antiguas bodegas del puerto. Ron de caña mediante, en estos sitios escucha las historias de los trasnochados para alimentar sus crónicas y relatos.

Imagina, viejo Gabo... Blacamán, un tipo mitad mago, mitad bandido, había sido llevado a Cartagena...

...El propósito era que embalsamara a un virrey ahogado en un aljibe para que siguiera gobernando después de muerto...

Aquí atrás está enterrada una esclava abisinia, que enloqueció a un ricachón de la Colonia que... ¿sabes qué hizo? Compró a la mujer por su peso en oro. Y para librarse del embrujo de su belleza, la *asesinó*...

La primera anécdota dará origen a *Blacamán el bueno vendedor de milagros*, la segunda la conserva cuarenta y cinco años hasta implantarla en *Del amor y otros demonios*.

Una familia literaria

En septiembre de 1948, Gabriel conoce a esos locos atorrantes que serán sus amigos más entrañables, los mismos que en los manuales de literatura figuran como "el Grupo de Barranquilla". En **El olor de la Guayaba**, Plinio Apuleyo Mendoza escribe:

> Aquel grupo de juerguistas desaforados, mordidos por la literatura, que Gabriel encontró en Barranquilla en la proximidad de los años cincuenta, es hoy estudiado muy seriamente en universidades de Europa y los Estados Unidos, por especialistas de la literatura latinoamericana.

El "grupo" estaba liderado por dos viejos, el español republicano Ramón Vinyes (1882-1952) —el "sabio catalán" de **Cien años de soledad**— y José Félix Fuenmayor (1885-1966). "Los cuatro muchachos despotricadores" que beben y hablan de todo con Aureliano Babilonia en los últimos días de Macondo son: Alvaro Cepeda Samudio (1926-1972), Alfonso Fuenmayor (1917-1994), Germán Vargas (1919-1991) y Gabriel García Márquez. El grupo se completa con el pintor Alejandro Obregón y el poeta Alvaro Mutis, a quien conoce en Cartagena. Ellos serán decisivos en su formación intelectual.

En el cuento **Los funerales de la Mamá Grande**, Gabriel los apodará "los mamadores de gallo de La Cueva", como un guiño a la distancia del nostálgico colombiano anclado en París para sus hermanos de Barranquilla.

Por exceso de trabajo y de vida insalubre, Gabo se enferma de pulmonía. En marzo de 1949 vuelve a Sucre a reponerse. Aprovecha para terminar una primera versión de *La hojarasca* y le pide a sus amigos de Barranquilla que le manden algo para leer. Recibe tres cajas surtidas con las últimas novedades.

De vuelta en Cartagena, Ibarra Merlano es el primero en leer los originales de su novela, inspirada en la historia de Aracataca y su infancia, con las técnicas narrativas aprendidas de Faulkner y Woolf.

ME EMOCIONÓ QUE TRATES EL MISMO TEMA DE LA ANTÍGONA DE SÓFOCLES: EL ENTIERRO DE UN CADÁVER FRENTE A LA OPOSICIÓN DE UN PUEBLO.
SE VE QUE TIENES EL DUENDE NECESARIO PARA DESTACARTE COMO ESCRITOR.

PUES TENDRÁS QUE PRESTARME LA OBRA DE SÓFOCLES Y TUS CONOCIMIENTOS DE LOS GRIEGOS PARA ORIENTARME EN ESAS LECTURAS

DESDE ENTONCES, EL DRAMATURGO GRIEGO ES OTRO DE SUS MAESTROS ESENCIALES.

En diciembre del 49, García Márquez se radica en Barranquilla, donde se vive de forma más radical la idea de que el Caribe es un país aparte. Esta caldera que parece una sucursal del infierno bulle en carnavales interminables. Pese al calor, la gente no pierde el humor ni el espíritu festivo. Desde la llegada masiva de inmigrantes —judíos, alemanes, franceses, españoles, italianos, árabes— se vuelve la ciudad colombiana más cosmopolita.

Además de ser el principal puerto fluvial, a orillas del Magdalena, con su olor penetrante a pescado fresco y guayabas podridas. En medio de la violencia, y con la prensa amordazada por la censura, Barranquilla es un oasis de paz y tolerancia política. Por primera vez, ve con frecuencia a Mercedes, cuya familia se tralada a la ciudad en esa época.

1950 es un año de intensa actividad. En **El Heraldo**, se encarga de la sección internacional, escribe una columna diaria —**La jirafa**— y editoriales esporádicos. Además de trabajar en dos novelas, es el jefe de redacción del semanario deportivo-cultural **Crónica**. En forma simultánea comparte las andanzas del grupo, en la librería Mundo, el café Colombia, los bares Happy y Roma. Por las noches, se reúnen en el burdel de la Negra Eufemia a beber el mejor ron de la ciudad y a ver bailar a los extranjeros con "las muchachas que se acostaban por hambre". Lo cautivarán los personajes de la ciudad: taxistas, prostitutas, barmen de las cantinas arrabaleras, peluqueros, camioneros, pescadores del puerto...

¿...Y QUE ME DICES DE POE Y MELVILLE?

¡TODO ESO ES UNA MIERDA!

TIENES QUE LEER A...

MUCHACHOS!

Vengan a la librería que llegaron las novedades de Buenos Aires.

Eran los libros de las editoriales Sudamericana, Losada y Sur, que traducían Borges y sus amigos. Cada vez que llegaba una nueva caja, hacían una fiesta.

PARA MÍ, FUE UNA ÉPOCA DE DESLUMBRAMIENTOS Y DESCUBRIMIENTOS, NO SÓLO DE LA LITERATURA SINO DE LA VIDA. NOS EMBORRACHÁBAMOS HASTA EL AMANECER HABLANDO DE LITERATURA. CADA NOCHE APARECÍAN EN LA CONVERSACIÓN POR LO MENOS DIEZ LIBROS QUE YO NO HABÍA LEÍDO. Y AL DÍA SIGUIENTE, ELLOS ME LOS PRESTABAN...

Con las primeras luices, llega al burdel-conventillo donde alquila un cuarto. Se hace amigo de las chicas, que le prestan el jabón y lo invitan a compartir el desayuno. Su cuarto se convierte en lugar de tertulias de putas y chulos; Gabo canta vallenatos. Este extraño burdel pasa casi intacto en El otoño del Patriarca.

> "...vimos la galería de arcadas con tiestos de claveles y frondas de astromellas y trinitarias donde estuvieron las barracas de las concubinas (...) nos pareció posible que allí hubieran vivido más de mil mujeres con sus recuas de sietemesinos, vimos el desorden de guerra de las cocinas, la ropa podrida al sol en las albercas de lavar, la sentina abierta del regadero común de concubinas y soldados..."

Por esta época, la editorial Losada de Buenos Aires le devuelve el manuscrito de **La Hojarasca**, con una carta demoledora de su presidente Guillermo de Torre, que es cuñado de Borges.

Emprende una tercera versión de la novela, que se publica cinco años después. Pretende escribir **Cien años de soledad**. Con injusticia, vive cada libro nuevo como una nueva derrota, como si fueran piezas del cuadro total que se le escapa.

En enero de 1951, Gabo está en Cartagena, donde su padre busca casa para el traslado definitivo de la familia desde Sucre. Allí se entera del brutal asesinato de su amigo Cayetano Gentile Chimento. Le recuerda el duelo del abuelo Nicolás. El honor ultrajado se lava con sangre. Pasan treinta años hasta contarlo en la novela **Crónica de una muerte anunciada**.

En la realidad literaria, Sucre es el modelo de "el pueblo", escenario de **Crónica...**, **El Coronel...**, **La Mala hora** y la mayoría de los cuentos de **Los funerales de Mama Grande**.

Cuando Dolores parte de viaje para hacerse un aborto...

EN EL PUEBLO REINA LA SOSPECHA Y LAS MALAS CONCIENCIAS. A TRAVÉS DE PASQUINES PEGADOS EN LAS PUERTAS SE CRUZAN DENUNCIAS Y ACUSACIONES ANÓNIMAS.

En la mayoría de los pueblos de la costa, la violencia ha hecho estragos, en una guerra civil no declarada, en donde se confunden los bandos. El poder gana, los pobres pierden. Hay intrigas y guerrilleros en el monte. Muchas familias abandonan el pueblo.

Gabo tiene otras urgencias. En Cartagena, la familia está otra vez en apuros. Los ingresos no alcanzan para alimentar y educar a tantos hijos. El padre requiere la colaboración de los mayores. Por sus contactos políticos, les consigue empleos públicos. Gabriel se niega y decide blanquear su situación.

Así será. Angustiado por la muerte del amigo, la maldición paterna no lo toca. Desde Cartagena, sigue enviando jirafas a El Heraldo, mientras reanuda su colaboración anónima en El Universal. Para amueblar la casa nueva, Gabo consigue un préstamo del periódico que debe devolver con editoriales, algo que desdeña. Al año siguiente, la madre le pide que la acompañe a Aracataca a vender la casa de los abuelos. No sabe que esta vuelta será decisiva para su escritura.

LA REVELACIÓN

Gabo camina con su madre por una calle polvorienta y ardiente de Aracataca...

ATRAVESAMOS EL PUEBLO COMO QUIEN ATRAVIESA UN PUEBLO FANTASMA: NO HABÍA UN ALMA EN LA CALLE. ME SENTÍ AZORADO. TUVE LA SENSACIÓN DE QUE LO QUE ME SEPARABA DEL PUEBLO NO ERA LA DISTANCIA, SINO EL TIEMPO. ESTABA CONVENCIDO QUE A MI MADRE LE OCURRÍA LO MISMO.

FUIMOS HASTA LA BOTICA DE UNOS VIEJOS AMIGOS DE LA FAMILIA. ADENTRO, UNA MUJER COSÍA. MI MADRE LE PREGUNTÓ: "¿CÓMO ESTÁ, MI COMADRE?" LA MUJER LEVANTÓ LA VISTA Y LA RECONOCIÓ. SE ABRAZARON Y LLORARON SIN DECIR UNA PALABRA. TUVE LA SENSACIÓN DE QUE EL PUEBLO ENTERO ESTABA MUERTO, INCLUSO LOS VIVOS.

ESE DÍA ME DI CUENTA QUE TODOS LOS RELATOS QUE HABÍA ESCRITO HASTA ENTONCES NO ERAN MÁS QUE SIMPLES ELABORACIONES INTELECTUALES, NADA QUE VER CON LA REALIDAD.

Durante horas, el boticario le contó todo lo que había pasado en su ausencia.

En una carta a su amigo, el cataqueño Gonzalo González (Gog) al diario El Espectador, describe el estado de ruina y soledad de Aracataca:

... sigue siendo una aldea polvorienta, llena de silencio y de muertos: desapacible, quizás en demasía; con sus viejos coroneles muriéndose en el traspatio, bajo la última mata de banano y una impresionante cantidad de vírgenes de sesenta años, oxidadas, sudando los últimos vestigios del sexo bajo el sopor de las dos de la tarde...

Acaba de hacer un clic. Ya sabe que toda buena novela debe ser una transposición poética de la realidad, un mundo cifrado. Si quiere encontrarle salida literaria a la historia de demonios que le quema las entrañas de su infancia, tendrá que remontar el pasado, en busca de sus orígenes.

Roland Barthes

ME DIJO EN UN 'BAR' QUE LA HISTORIA DE UN NOVELISTA ES LA HISTORIA DE UN TEMA Y SUS VARIACIONES.

EN REALIDAD, UNO NO ESCRIBE SINO UN LIBRO. LO DIFÍCIL ES SABER CUÁL LIBRO ES. EN MI CASO, VERÁS QUE MI LIBRO ES EL LIBRO DE LA SOLEDAD.

Durante cuatro meses García Márquez emprende el viaje a la semilla. Como vendedor de enciclopedias, recorre la tierra de sus ancestros. Realiza cinco viajes por las provincias de Magdalena, el César y la Guajira. Va de pueblo en pueblo, recolectando mitos. Con su amigo **Rafael Escalona** —popular compositor de vallenatos— se interesa por conocer a fondo el folklore y la historia de cada lugar.

En ese periplo conoce a Lisandro Pacheco, nieto del hombre que su abuelo mató en un duelo. Juntos recorren la Guajira hasta Riohacha, deteniéndose en los pueblos de Urumita, Villanueva, El Molino, San Juan del Cesar, Fonseca y el Manaure guajiro. Pacheco le presenta a varios de los hijos naturales de su abuelo. Y se topa con otros viejos y olvidados coroneles.

¡A LA MEMORIA DE LOS ABUELOS!

" *CIEN AÑOS DE SOLEDAD* sale de Valledupar y la Guajira, porque el folklore de
Aracataca no resiste media hora de aná-
lisis. Yo lo llevé por todas partes y mientras le enseñaba y le contaba, él tomaba
nota. Mis amigos se quejaban de que era
muy preguntón. Yo lo dejaba enrollado
con la gente y me iba con los músicos."
—dicho por ESCALONA, acordeón en mano.

Los cantos vallena-
tos, que narran
historias con la
misma naturalidad
que la abuela
Tranquilina, son
otra referencia
cultural para
García Márquez.

En Valledupar recibe la revista **Life** en español, con **El viejo y el mar**, de Ernest Hemingway. La extensión, la estructura y el estilo le permiten explorar a fondo los trucos formales del relato corto.

Aprovecha para hacer una minuciosa relectura de Mrs.Dallaway de Virginia Woolf. Un sólo párrafos del principio le revela un contenido providencial.

TRANSFORMÓ POR COMPLETO MI SENTIDO DEL TIEMPO Y ME PERMITIÓ VISLUMBRAR EN UN INSTANTE TODO EL PROCESO DE DESCOMPOSICIÓN DE MACONDO Y SU DESTINO FINAL

En verdad, su tiempo estancado se vuelve dinámico a partir de la vuelta a Aracataca sumada a su peregrinación a las fuentes.

Bajo la dictadura del general Gustavo Rojas Pinilla, en 1954 García Márquez vuelve a Bogotá para trabajar en El Espectador, el segundo diario de Colombia, liberal y democrático. Lo contratan como redactor de planta con un buen sueldo. Sus comentarios y críticas de cine reflejan su ideario socialista y anti-imperialista (por un tiempo corto, Gabo forma parte de una célula del clandestino Partido Comunista Colombiano). Por primera vez, trabaja como reportero, una tarea que lo apasiona y que hoy añora. En su debut como enviado especial del periódico le toca cubrir el trágico derrumbe de la Media Luna en Medellín. En el hotel, lo invade un miedo espantoso, semejante al terror infantil.

MEJOR RENUNCIO.

¡QUÉ HUEVÓN! CONFÍA EN TU INSTINTO Y VERÁS QUE SALE BIEN.

Cuando para de llover, decide salir al ruedo. Aprenderá a convivir con el miedo, como con algo congénito. Su primer reportaje, en tres entregas, titulado *Balance y reconstrucción de la catástrofe de Antioquía,* lo convierte en periodista estrella.

HACE SESENTA AÑOS COMENZÓ LA TRAGEDIA

El lunes 12 de julio, un poco antes de las siete de la mañana, los niños Jorge Alirio y Licirio Caro, de once y ocho años, salieron a cortar leña. Era un trabajo que realizaban tres veces por semana, con un pequeño machete de cachas de cuerno, gastado por el uso, después de tomar el desayuno en compañía de su padre, el arenero Guillermo Caro Gallego, de 45 años. Vivían, con su madre y cuatro hermanos más, en una casa...

El reportaje más resonante es **"La Verdad de mi Aventura"**. Ocho miembros de la tripulación del destructor Caldas, de la marina de guerra de Colombia, caen al agua el 28 de febrero de 1955, y son dados por muertos. Informes oficiales atribuyen la causa a una tormenta en el mar Caribe. La nave que viajaba desde Mobile, Estados Unidos hacia Cartagena, llega dos horas después de la tragedia. Una semana más tarde, uno de los náufragos aparece medio muerto en una playa. Es Luis Alejandro Velasco, un muchacho macizo, de 20 años, que ha pasado diez días, sin comer ni beber, en una balsa a la deriva.

Luego de convertirse en héroe de la patria, el sobreviviente acude a la redacción de El Espectador y propone contar la verdadera historia del naufragio, sin manipulaciones oficialistas ni de propaganda.

> Mi primera sorpresa fue que el marino tenía un instinto excepcional para narrar, buena memoria y bastante dignidad como para reírse de su propio heroísmo. En veinte sesiones de seis horas diarias logramos reconstruir el relato compacto y verídico de sus diez días de mar. Mi único problema sería conseguir que el lector lo creyera...

LA SEGUNDA SORPRESA, QUE FUE LA MEJOR, LA TUVE AL CUARTO DÍA DE TRABAJO...

¿PUEDES DESCRIBIR LA TORMENTA QUE OCASIONÓ EL DESASTRE?

ES QUE NO HABÍA TORMENTA

La verdad era que la nave dio un bandazo por el viento en la mar gruesa, se soltó la carga mal estibada en cubierta y los ocho marineros cayeron al mar. Esa revelación implicaba tres faltas enormes...

"Primero, estaba prohibido transportar carga en un destructor; segundo, a causa del sobrepeso la nave no pudo maniobrar para rescatar a los náufragos; tercero, era carga de contrabando: neveras, televisores, lavadoras. Estaba claro que el relato, como el destructor, llevaba también mal amarrada una carga política y moral que no habíamos previsto."

La historia, dividida en episodios, se publicó en catorce días consecutivos en los que el diario duplicó la tirada. En plena tarea, el director del periódico, Gabriel Cano, se acerca al redactor...

Y ¿CUANTOS CAPITULOS CREE QUE PUEDE ESCRIBIR?

NOOO, TOCAYITO... POR LO MENOS TIENEN QUE SER UNOS...

EEEM... 14?

50

Según García Márquez, con su denuncia política el relato de aventuras agita al país, cuesta la gloria y la carrera al náufrago y condena al periodista a un exilio errante y nostálgico que termina pareciéndose bastante a una balsa a la deriva.

Narrado en primera persona, el mayor reto del relato era describir los diez días vacíos e idénticos que pasa el náufrago a la deriva, sin repeticiones ni amarillismo. En cada uno, hay un suceso original. El primer día se centra en el espanto cósmico del navegante al caer sobre él sobre él la noche antillana.

A un lado de la balsa, apareció la primera estrella. Fue como una señal. Enseguida, la noche se derrumbó sobre el mar.

Mi primera sensación. al darme cuenta que estaba sumergido en la oscuridad, fue la de que no podría dominar *el terror*

En el segundo, aviones lo sobrevuelan sin verlo y los tiburones aparecen, puntuales, a las cinco de la tarde...

El tercero trae a un viejo amigo a la balsa.

En 1970, el reportaje se publica en forma de libro con el título de ***Relato de un naufrago***. García Márquez le regala a Velasco los derechos de autor en castellano, porque "hay libros que no son de quien los escribe sino de quien los sufre", y éste los disfruta hasta que el escritor se los retira doce años después. En veinticinco años, se venden más de diez millones de ejemplares en todo el mundo. Todavía García Márquez es un escritor de fama mundial. Pero en 1955, la historia es otra. En Colombia, entonces, es más conocido y apreciado por sus reportajes que por sus libros.

Edita La hojarasca por cuenta propia, con la ayuda de algunos amigos. La historia que alumbra a Macondo como espacio mítico, es una exploración por la infancia del autor. Se desarrolla en la casa natal (idéntica a la de Aracataca), durante el velatorio de un médico que se ha ahorcado. En monólogos en torno al cadáver, cuenta la historia del pueblo desde su fundación hasta la matanza de las bananeras, en 1928. El eje del libro es el médico —a quien el pueblo se opone a enterrar— que vive y muere en la más absoluta soledad. Los tres puntos de vista son los de un viejo coronel (fiel imagen del abuelo), su hija Isabel y el nieto de once años (¿Gabito?).

AHORA HE VISTO UN CADAVER Y ME BASTA CON CERRAR LOS OJOS PARA SEGUIR VIENDOLO ADENTRO, EN LA OSCURIDAD DE LOS OJOS.

MACONDO ES MÁS BIEN EL PASADO, Y COMO A ESE PASADO HAY QUE PONERLE CALLES Y CASAS, TEMPERATURA Y GENTES, PUSE LA IMAGEN DE ESTE PUEBLO CALUROSO, POLVORIENTO, ACABADO, ARRUINADO, CON CASAS DE MADERA, CON TECHOS DE ZINC, QUE SE PARECE MUCHO A LOS DEL SUR DE ESTADOS UNIDOS, A LOS PUEBLOS DE FAULKNER, PORQUE FUE CONSTRUIDO POR LA UNITED FRUIT COMPANY.

¿ARACATACA ES MACONDO?

Macondo

Sus dogmáticos compañeros del PC —que nada saben de literatura— consiguen crearle un terrible complejo de culpa al decirle: "Tu novela no denuncia, no desenmascara nada". Eso lo lleva a pensar que en sus próximos libros debe ocuparse de la realidad inmediata del país.

El éxito periodístico alcanza para que El Espectador decida enviarlo a Europa como corresponsal. Para García Márquez, es un viaje soñado para estudiar cine, ampliar sus horizontes, ganar perspectiva. Antes de partir, la revista Mitos publica el cuento Isabel viendo llover a Macondo, nacido entre los borradores de La hojarasca.

Vi el jardincillo, vacío por primero vez, y el jazminero contra el muro, fiel al recuerdo de mi madre. Vi a mi padre, los ojos tristes, perdidos en el laberinto de la lluvia. Me acordé de las noches de agosto, en cuyo silencio maravillado no se oye nada más que el ruido milenario que hace la Tierra girando en el eje oxidado y sin aceitar. Súbitamente me sentí sobrecogida por una agobiadora tristeza...

La misma agobiadora tristeza que invade a Mercedes, en vísperas del viaje de Gabo.

SERAN SOLO UNOS MESES, MI AMOR. A LA VUELTA NOS CASAMOS. DIME QUE ME ESPERAS...

TU SABES QUE SÍ. SI NO VAS, ME ECHARAS LA CULPA TODA LA VIDA.

La promesa se cumple, inexorable, como un mandato del destino.

ROMA, VERANO DEL 55

Su primera meta lo lleva a la ciudad de sus admirados Vittorio de Sica y Cesare Zavattini. Tiene un buen suedo, contactos y tiempo para vivir a su aire. Lleva una carta para el cineasta argentino Fernando Birri. Este se convierte en su brújula y cómplice. Se inscribe en el Centro Experimental de Cine, donde sigue un curso de dirección. Para alguien interesado en el guión como base del cine de argumento, el mayor atractivo está en los sótanos.

Sin conocer las leyes del montaje - la gramática del cine- los guionistas no pueden escribir correctamente una sola secuencia. Pasar de una escena a otra resulta difícil para quien no sabe resolver el problema visual y dramático

¡ESTA MUJER ES UNA MAGA DE LA MOVIOLA!

En el curso de práctica de montaje, estudia la continuidad en el relato fílmico, mientras envía críticas de cine y reportajes a Colombia. Las cinco notas que le dedica al Papa Pío XII denotan su fascinación por las criaturas del poder supremo. Este asoma como personaje en sus novelas y cuentos. Y revela la facultad premonitoria del autor.

Los funerales de la Mamá Grande cuenta el viaje de fábula del Papa a Macondo en una góndola negra.

¡QUÉ ES LA VAINA?...

Desde su toldo sofocante, el Sumo Pontífice oyó toda la noche la bullaranga de los monos alborotados por el paso de las muchedumbres. En su itinerario nocturno la canoa pontificia se había ido llenando de costales de yuca, racimos de plátanos verdes y huacales de gallina...

Su Santidad padeció esa noche, por primera vez en la historia de la Iglesia, la fiebre de la vigilia y el tormento de los zancudos. Pero el prodigioso amanecer sobre los dominios de la Gran Vieja, la visión primigenia del reino de la balsamina y de la iguana, borraron de su memoria los padecimientos del viaje.

> En ese imposible viaje del Papa a una aldea colombiana, describía al presidente que lo recibe como calvo y rechoncho, para que no se pareciera al que entonces gobernaba, que era alto y óseo. En 1969, el Papa fue a Colombia y el presidente era como en el cuento.

PARÍS NO ERA UNA FIESTA

En el invierno llega al corazón cultural de Europa. Se instala en la rue Cujas, del barrio latino, en pleno territorio de la tribu de tantos de latinoamericanos desterrrados errantes y exiliados. En Latinoamérica, es tiempo de dictaduras: Rojas Pinilla, en Colombia; Manuel Odria en Perú; Anastasio Somoza en Nicaragua; Rafael Trujillo, en Santo Domingo; Fulgencio Batista en Cuba, Pérez Jiménez en Venezuela; Aramburu en Argentina. Gabo alquila un cuarto en el Hotel de Flandre, atendido por madame Lacroix, donde también se hospedan el poeta Nicolás Guillén y el estudiante Plinio Apuleyo Mendoza.

...MENOS MAL QUE ES LOCO...

ROJAS PINILLA! CLAUSURÓ EL ESPECTADOR

¿QUÉ VAS A HACER?

NO ES GRAVE.

Pero los cheques dejan de llegar y al mes no tiene con qué pagar el hotel. Por fortuna, en los momentos críticos siempre hay una mujer dispuesta a darle una mano. Madame Lacroix lo manda a la buhardilla del séptimo piso hasta que pueda pagarle. Pasa un tiempo de miserias extremas en que vive de pequeños milagros cotidianos.

Con un corazón endurecido por el dolor que dejan las guerras en el pueblo, París no es Barranquilla. Tras perder Indochina en 1954, es el turno de Argelia. Con su mal francés, García Márquez sobrevive cantando rancheras en un club nocturno o recolectando botellas y diarios por unos pocos francos. Por su cara de turco, vive eludiendo a la policía para que no lo golpeen cada vez que lo confunden con un argelino.

Escribe con la mirada hacia adentro. Por las noches y hasta el amanecer, trabaja en la "novela de los pasquines", que será **La mala hora** (1961). Hasta que un personaje lo obliga a escribir una historia aparte. **El coronel no tiene quien le escriba** (1958), una obra perfecta, abre con una imagen de miseria.

… y comprobó que no había más de una cucharadita. Retiró la olla del fogón, vertió la mitad del agua en el piso de tierra, y con un cuchillo raspó el interior del tarro sobre la olla hasta cuando se desprendieron las últimas raspaduras del polvo de café revueltas con óxido de lata.

El Coronel, un viejo decrépito y maniático, espera cada viernes una pensión de guerra que nunca llega. Vive con su mujer en las ruinas de una casa hipotecada en un pueblo que no es Macondo. De su hijo Agustín, asesinado meses antes en la gallera por distribuir información clandestina, hereda un gallo de riña. El coronel decide engordarlo para la pelea. Con la victoria del gallo, espera cambiar su suerte. A la miseria física —su vejez, su hambre, su estreñimiento— opone su grandeza espiritual. De estructura clásica, el lenguaje es conciso, sobrio, dominado por una preocupación de eficacia, tomada del periodismo. Predomina un realismo a secas: como su personaje, el autor espera una carta con dinero que no llega y tampoco sabe si va a comer al día siguiente.

LOS COMPAÑEROS DE AGUSTIN, OFICIALES DE SASTRERIA, COMO LO FUE EL, Y FANATICOS DE LA GALLERA, EXAMINARON EL GALLO.

ESTÁ EN FORMA!

ESTAN ENTUSIASMADOS. TODOS ESTÁN AHORRANDO PARA APOSTARLE AL GALLO. DICEN QUE ES EL MEJOR DEL DEPARTAMENTO.

Es una ilusión que cuesta caro. Cuando se acabe el maíz tendremos que alimentarlo con nuestros hígados.

LA ÚLTIMA FUE LA LANCHA DEL CORREO. EL CORONEL LA VIO ATRACAR CON UNA ANGUSTIOSA DESAZÓN. EN EL TECHO, AMARRADO A LOS TUBOS DE VAPOR Y PROTEGIDO CON TELA ENCERADA, DESCUBRIÓ EL SACO DEL CORREO. QUINCE AÑOS DE ESPERA HABÍAN AGUDIZADO SU INTUICIÓN. EL GALLO HABÍA AGUDIZADO SU ANSIEDAD.

En la oficina de correos, el oficial entrega al médico el paquete de periódicos y la correspondencia al coronel y dice el consabido: *"Nada para el coronel"*. *"No esperaba nada. Yo no tengo quien me escriba"*, miente el coronel.

El médico, enlace de las guerrillas, visita la casa del coronel para examinar a su mujer, que se recupera de una crisis asmática. Le entrega al coronel un sobre con *"lo que no decían los periódicos de ayer"*.

ERA UNA SÍNTESIS DE LOS ÚLTIMOS ACONTECIMIENTOS NACIONALES IMPRESA EN MIMEÓGRAFO PARA LA CIRCULACIÓN CLANDESTINA. REVELACIONES SOBRE EL ESTADO DE LA RESISTENCIA ARMADA EN EL INTERIOR DEL PAÍS. SE SINTIÓ DEMOLIDO.

¿CUANTO LE DEBEMOS, DOCTOR?

NADA. YA LE PASARE UNA CUENTA GORDA CUANDO GANE EL GALLO

"HÁGALA CIRCULAR", LE DICE EL MÉDICO.

El coronel se dirigió a la sastrería a llevar la carta clandestina a los compañeros de Agustín. Era su único refugio desde cuando sus compatriotas fueron muertos o expulsados del pueblo, y él quedó convertido en un hombre solo sin otra ocupación que esperar el correo todos los viernes.

Su mujer hace milagros para sostener la economía doméstica. El coronel visita a su abogado para reclamar los documentos que lo acreditan como tesorero de la revolución en Macondo. Sobre todo, un valioso recibo de puño y letra del coronel Aureliano Buendía, jefe de las fuerzas rebeldes. Tras escuchar una explicación de la maraña burocrática, el abogado...

SI ESOS PAPELES SALEN AHORA DEL MINISTERIO TENDRÁN QUE SOMETERSE A UN NUEVO TURNO PARA EL ESCALAFÓN. SERÁ CUESTIÓN DE SIGLOS.

NO IMPORTA. EL QUE ESPERA LO MUCHO ESPERA LO POCO.

En la casa ya no queda nada para comer, pero el coronel no pierde el humor. Apenas lo sostiene la esperanza de la carta.

EN TRES MESES SERÁ LA PELEA Y PODEMOS VENDERLO A MEJOR PRECIO

SALES INMEDIATAMENTE DE ESE GALLO

NADIE SE MUERE EN TRES MESES.

ES POR LA SITUACIÓN EN QUE ESTAMOS. ES PECADO QUITARNOS EL PAN DE LA BOCA PARA ECHÁRSELO A UN GALLO.

El coronel visita a los compañeros de Agustín, cuyo nombre sirve de contraseña a los guerrilleros en el monte. Propone regalarles el gallo para que se encarguen de alimentarlo. Pero éstos, en vez de aceptar el regalo, le ofrecen el alimento para el gallo.

Semanas después, mientras el coronel y la mujer comen un plato de mazamorra de maíz en la cocina, el gallo amarrado al hornillo, los mira suspicaz.

ESTÁ MUY BUENA. ¿DE DÓNDE SALIÓ?

DEL GALLO

LOS MUCHACHOS LE HAN TRAÍDO TANTO MAÍZ QUE DECIDIÓ COMPARTIRLO CON NOSOTROS. ASÍ ES LA VIDA.

LA VIDA ES LA MEJOR COSA QUE SE HA INVENTADO. ES UN GALLO CONTANTE Y SONANTE. NOS DARÁ PARA COMER TRES AÑOS.

LA ILUSIÓN NO SE COME.

NO SE COME, PERO ALIMENTA.

SI GANA. PERO SI PIERDE. NO SE TE HA OCURRIDO QUE PUEDE PERDER.

NO PUEDE PERDER. TODAVÍA FALTAN 45 DÍAS PARA PENSAR EN ESO.

De la casa han salido muebles, adornos, hasta los anillos de boda. El pueblo entero se ha comprometido con el gallo. Hasta el final, el coronel pelea. La mujer, la voz del sentido común, se enfrenta al carácter opuesto del coronel.

...Y MIENTRAS, QUÉ COMEMOS!

MIERDA.

Con el coronel, García Márquez redondea una poderosa metáfora. Escribe la novela nueve veces —¿por cábala?— hasta concluir su pequeña obra de arte en enero del ´57. Mientras, Plinio Mendoza se ha ido a Caracas para trabajar en las revistas Elite y Momentos. Gabo no la pasa mal. Tiene una docena de amigos bohemios —latinoamericanos, árabes, franceses— con quienes comparte la vaina.

¡En **París** aprendí que nada, ni siquiera el hambre, puede matar los sueños y que uno es capaz de dormir bajo los puentes!

A finales de 1956 se muda a una *chambre de bonne* de la rue d´Assas, donde vive un romance con Tachia Quintiana, una "vasca temeraria" y generosa. Este amor breve y tempestuoso le permite seguir escribiendo. En el cuarto de Tachia, Gabo escribe a máquina con furia, mientras echa humo por la cabeza.

Como pareja no tienen futuro, pero éste es el principio de una hermosa amistad.

En vez de escribir novelas que **NO** se venden...

¿por que no haces algo más lucrativo?

Un día se cruza con Ernest Hemingway, en el Boulevard Saint Michele, pero su timidez le impide acercarse. Otro día, a la vuelta de Plinio Mendoza, los amigos hacen un viaje por las dos Alemanias, Rusia y Ucrania con la idea de ver el "socialismo real" en vivo y en directo.

Dos años antes, García Márquez ha viajado a Polonia y Checoslovaquia como enviado de El Espectador.

Conseguir una visa para la Unión Soviética, fuera de las visitas oficiales, es casi una misión imposible. De vuelta en París, aparece la oportunidad. Acaba de llegar a Francia el conjunto folklórico colombiano "Delia Zapata", de Manuel Zapata Olivella, invitado al VI Congreso Mundial de la Juventud de Moscú. Como falsos integrantes del grupo —faltan un saxofonista y un acordeonero— Gabriel y Plinio consiguen la visa.

El primer tramo del viaje de París a Praga, pasando por Berlín, resulta una tortura de treinta horas

Su viaje por los países socialistas queda documentado en una serie de artículos, publicados en las revistas Elite de Venezuela y Cromos de Bogotá en 1959. Veinte años después un libro pirata (luego autorizado) con el título de 90 días en la Cortina de Hierro, los reúne. El pensamiento central es que en las llamadas democracias populares no había un socialismo auténtico porque el sistema imperante no estaba fundado en las condiciones propias de cada país.

¡ES UN SISTEMA IMPUESTO DESDE AFUERA POR LA URSS MEDIANTE PARTIDOS COMUNISTAS LOCALES DOGMÁTICOS Y SIN IMAGINACIÓN!

En Alemania oriental, todo le parece feo, uniforme y gris. Pese a que se come bien y barato, el pueblo es *"el más triste que había visto jamás"*.

... GENTE ESTRAGADA QUE DESAYUNA SIN NINGÚN ENTUSIASMO UNA ESPLENDIDA RACIÓN MATERIAL DE CARNE Y HUEVOS FRITOS...

Al llegar a Checoslovaquia, cree respirar una atmósfera menos opresiva. Los checos parecen más contentos.

ES EL ÚNICO PAÍS SOCIALISTA DONDE LA GENTE NO PARECE SUFRIR DE TENSIÓN NERVIOSA Y DONDE UNO NO TIENE LA IMPRESIÓN —FALSA O CIERTA— DE ESTAR CONTROLADO POR LA POLICÍA SECRETA.

La **URSS** lo apabulla por su inmenso mosaico de pueblos, lenguas, paisajes y tipos humanos.

> ...los dramáticos contrastes de un país donde los trabajadores viven amontonados en un cuarto y sólo tienen derecho a comprar dos vestidos al año, mientras engordan con la satisfacción de saber que un proyectil soviético ha llegado a la luna...

Sus artículos soviéticos denotan cierto desencanto político. En Moscú, lo impresiona Stalin y el fervor que, a cuatro años de su muerte, aún genera en la gente. Al ver en el mausoleo de la Plaza Roja el cuerpo embalsamado del dictador, GGM vuelve a sentir fascinación ante otra criatura de poder supremo. Stalin parece gozar de la vida del poder más allá de la muerte.

ASÍ QUE TÚ ERAS UN DICTADOR...

ASÍ QUE TÚ SERÁS UN PREMIO NOBEL...

Aquí aparece el primer bosquejo del patriarca, otro dictador ubicuo, desmesurado y todopoderoso.

> En su cadáver exquisito y omnipotente, no había ningún remordimiento. Su bigote y sus facciones exhalaban una intemporalidad idéntica a la de sus retratos de gobernante.

En noviembre viaja a Londres con la idea de estudiar inglés, hacer reportajes y seguir escribiendo la novela de los pasquines.

Poco después, recibe un telegrama de Venezuela con una tentadora oferta.

TIENES PUESTO DE REDACTOR EN REVISTA

MOMENTOS STOP ENVIO BILLETE DE AVION

SI ESTAS DE ACUERDO STOP UN ABRAZO

FIRMADO PLINIO MENDOZA.

Tiempo de volver, le dice su intuición, guía de todas sus decisiones vitales. En vísperas de la Navidad del ´57, llega a Caracas como quien acude a un nuevo llamado del destino. La cuna de Bolívar no le es ajena. En Aracataca, había escuchado los cuentos de hadas que contaba Juana de Freites —la partera providencial— ambientados en la fabulosa Caracas de su nostalgia.

AEROPUERTO INTERNACIONAL DE MAIQUETÍA

VAMOS A LA REVISTA ASI CONOCES AL DUEÑO.

Cuando Plinio Mendoza los presenta ...

ESTE ES CARLOS RAMIREZ MAC GREGOR

MUCHO GUSTO

¡QUE FACHA!

Se instala en una pensión de inmigrantes italianos en el barrio de San Bernardino. El 1 de enero de 1958, su primer día franco, cuando Plinio pasa a buscarlo por la pensión, Gabo comenta:

> *TENGO LA IMPRESIÓN DE QUE ALGO GRAVE VA A OCURRIR DE UN MOMENTO A OTRO.*

Minutos después comienza el bombardeo al palacio presidencial de Miraflores. La base áerea Maracay se ha sublevado en la primera intentona de derrocar al dictador Marcos Pérez Jiménez que lleva seis años en el poder.

¡Pérez Jiménez se ha fugado!

¡Ha caído la dictadura!

En el depto de Plinio, los amigos insomnes escuchan la radio mientras por el ventanal del balcón entran las luces de un avión en la oscuridad que va ganando altura hacia el mar.

Se encienden las luces de la calle. La gente grita, agita banderas en autos y camiones, se abrazan. Bocinazos, gritos, sirenas de fábrica. La ciudad entera entra en delirio.

85

res dias despues, en la antesala presidencial la prensa espera la noticia sobre la formación de la Junta de Gobierno que se discute a puertas cerradas.

"FUE EN ESE INSTANTE CUANDO TUVE LA INTUICION DEL PODER, DEL MISTERIO DEL PODER"

La imagen del oficial enciende la idea de escribir **El otoño del patriarca**. En esos días, charla con el mayordomo del palacio presidencial, con 50 años de servicio desde los tiempos remotos del dictador Juan Vicente Gómez. El viejo general que gobernó con puño de hierro durante treinta años es el modelo principal del patriarca. Otra vez, la percepción de la soledad del poder le viene de su infancia en Aracataca a partir de la leyenda del abuelo Nicolás, los veteranos de guerra y los venezolanos exiliados, los generales José Rosario Durán y Marcos Freites. Desde el exilio, el dictador Gómez se había vuelto una figura mitológica. Con obsesión, García Márquez empieza a documentarse sobre los dictadores latinoamericanos.

En marzo de 1958, vuela a Barranquilla para casarse con Mercedes. Le cuenta sus proyectos de escribir la novela sobre el dictador latinoamericano y de terminar La Casa. Y le hace una tercera confesión.

> A LOS 40 VOY A ESCRIBIR LA OBRA MAESTRA DE MI VIDA.

Mercedes no duda que así será. También sabe que su aporte resultará fundamental en la persecución de esa meta. En el departamento de San Bernandino, Gabo escribe los cuentos de **Los funerales de la mama grande**, que van a parar al fondo de una valija. La visita del vicepresidente norteamericano Richard Nixon provoca su salida de **Momentos**, que se ha convertido en la publicación más popular de Caracas. El pueblo no olvida cuando el gobernador Eisenhower condecoró al dictador depuesto.

El director de la revista escribe un editorial de excusas públicas al gobierno de los Estados Unidos. En señal de discripencia, Plinio y Gabo publican la nota con las iniciales del autor. El escándalo termina con la renuncia de ambos.

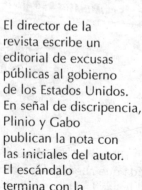

¡COLOMBIANOS CABRONES!

¡VAYASE AL CARAJO, VIEJO!

García Márquez pasa a trabajar como jefe de redacción en la revista de chismes *Venezuela Gráfica*, de la cadena Capriles. Pero a finales del ´58, algo sucede en América latina que cambia su actitud profesional y el rumbo de su vida: **LA REVOLUCIÓN CUBANA.** La dictadura de Fulgencio Batista se derrumba en los últimos días de diciembre.

La victoria del Movimiento 26 de Julio que encabeza Fidel Castro abre una nueva etapa en la historia de la región que genera un espíritu de solidaridad en todo el continente.

Unos días después, llega a la redacción un representante del Movimiento 26 de Julio, con el propósito de invitar a los periodistas a Cuba para informar sobre la marcha de "La operación verdad" que organiza Fidel Castro. La idea es contrarrestar la campaña periodística hostil que encabezaban las agencias norteamericanas, con motivo de los fusilamientos en la isla.

OYE GABO, HAY UN AVIÓN PARA LLEVARLOS A CUBA A VER EL JUICIO DE SOSA BLANCO, UNO DE LOS MAYORES CRIMINALES DE BATISTA.

Plinio y Gabriel son de la partida que aborda el bimotor cubano. Al llegar, La Habana es una fiesta. Los cubanos celebran en las calles la llegada de la libertad.

El impacto es fuerte y doloroso, al percibir el terror de quien se sabe hombre muerto.

...LA NOVELA PODRÍA SER EL LARGO MONÓLOGO DEL VIEJO DICTADOR SENTENCIADO A MUERTE...

García Márquez vuelve a Caracas embebido del clima heroico y mesiánico que se vive en Cuba. Desea trasladar esa adhesión a la práctica. Entonces Plinio Mendoza vuelve a Colombia, mientras él sueña con irse a México a hacer cine y seguir escribiendo. Pero antes...

TIENES QUE VOLVER A BOGOTÁ PARA UN TRABAJO QUE TE VA A ENTUSIASMAR. TE CONTARÉ LOS DETALLES CUANDO LLEGUES.

LA MISIÓN MÁS ÁRDUA SERÁ VENCER LA RESISTENCIA DE LA PRENSA LOCAL A NUESTROS DESPACHOS.

A comienzos de 1959, ante la constante deformación por la prensa internacional de las noticias cubanas, la revolución crea la primera agencia latinoamericana: **Prensa Latina.** La dirige **Jorge Ricardo Masetti** (1929-1964), periodista argentino, amigo del Che Guevara. Está en Colombia para conocer a los flamantes corresponsales de PL en Bogotá.

sta es una época feliz. Por primera vez, tiene un trabajo independiente de los centros capitalistas de opinión que coincide con sus ideas políticas, además de un buen sueldo y una vivienda decente. La agencia se convierte en la Meca de la izquierda colombiana. Por allí desfilan los futuros ministros, embajadores y jefes guerrilleros de los años 60 y 70. En sus oficinas se organizan las juventudes del Movimiento Revolucionario Liberal (MRL), dirigido por Alfonso López Michelsen. También, se reclutan voluntarios para derrocar en la República Dominicana al dictador Trujillo Molina.

La felicidad es completa con el nacimiento del primer hijo, Rodrigo, el 24 de agosto de 1959. Lo bautiza Camilo Torres, el amigo cachaco de la juventud que ahora es el cura de los pobres y desamparados (muere en la selva combatiendo en el Ejército de Liberación Nacional). Plinio es el padrino.

¡A- GUCHI- BUCHI- BU!!

El reconocimiento sigue sin llegar. En 1959 la revista *Mitos* publica **EL CORONEL...** (sin permiso ni pago), mientras en *El Heraldo* aparece el cuento La siesta del martes (para muchos, su mejor cuento), con una ilustración de Botero. Con modificaciones, también sale la segunda edición de **LA HOJARASCA**. Su intensa actividad en PL no lo aparta de la literatura. En la andina Bogotá, encara una nueva versión de la historia de los pasquines.

TRAS UNA LECTURA CRÍTICA DE LOS ORIGINALES Y UN SILENCIOSO TRABAJO DE CARPINTERÍA MENTAL, GABRIEL TOMÓ LA DRÁSTICA DETERMINACIÓN DE ROMPER LAS 500 CUARTILLAS Y ESCRIBIR EL LIBRO DE NUEVO.

Para que la historia no se le vaya de madre, traza un plan riguroso en donde a cada día le corresponde un capítulo. Delimita el área de cada personaje, purga adjetivos, esquiva a Faulkner, sigue a Heminway. En tres meses escribe la novela empezada cuatro años atrás.

SUS AMIGOS NO ENTENDIMOS POR QUÉ VOLVIÓ A GUARDAR LA NOVELA.

AQUEL MAMOTRETO HABÍA DE VIAJAR POR VARIOS PAÍSES EN SU MALETA, JUNTO A UN ESPANTOSO SACO DE RAYAS ELÉCTRICAS QUE GABRIEL LLEVA A TODAS PARTES.

Invitado a Barranquilla por Cepeda Samudio para discutir la creación de una federación nacional de cineclubes, García Márquez se encuentra con el editor Alberto Aguirre.

QUIERO EDITAR "EL CORONEL NO TIENE QUIEN LE ESCRIBA"

ESTAS LOCO.

...TU SABES QUE EN COLOMBIA NO SE VENDEN LIBROS.

¡VOY A EDITARLO!

El libro sale el año siguiente y el vaticinio se cumple: de dos mil ejemplares, sólo se venden ochocientos. En septiembre de 1960, Masetti le propone abrir una nueva filial de PL en Nueva York.

¡YA MISMO TE DOY UN ADELANTO DE LOS DERECHOS DE AUTOR!

PL cuenta con un equipo de periodistas latinoamericanos de lujo. En distintos países, García Márquez, Mendoza, Mario Gil, Díaz Rangel, Teddy Córdova, Aroldo Wall, Rogelio García Lupo, Juan Carlos Onetti y Angel Boan, entre otros, logran inquietar a los monopolios informativos norteamericanos.

Primero hacés unos meses de entrenamiento con nosotros en La Habana

¡CLARO!

PRENSA LATINA DEMOSTRÓ QUE UNA AGENCIA NO ERA ALGO TAN MISTERIOSO COMO PRETENDÍAN LOS VIEJOS AMOS DEL PERIODISMO. DONDEQUIERA HUBO QUE PELEAR POR LA NOTICIA, LLEGARON ANTES Y LA ESCRIBIERON MEJOR.

¡NOSOTROS LOS CUBANOS VAMOS A GANAR!

... I'M NO YANKEE, YOU KNOW!

Este es el argentino **Rodolfo Walsh** (1927-1976), jefe de Servicios Especiales en La Habana, desde la creación de la agencia. Una noche, en el aeropuerto realiza el reportaje más corto de su vida

En Cuba, García Márquez vive tres meses al pie de la teletipo. En aquellos días, nadie duerme. De un momento a otro se espera una invasión norteamericana y la ciudad es una enorme barricada. Pasa casi todo el tiempo en el edificio del Retiro Médico, donde se trabaja a un ritmo infernal. Comparte un departamento con Aroldo Wall. Se hace amigo de los argentinos. Masetti es incansable, lleno de recóndito humor, imaginativo y tan reñido con la burocracia comunista pro soviética como el Che. Vence la reserva de Walsh —a quien admira de antes por sus cuentos policiales, Variaciones en rojo— y sus charlas sobre estructuras narrativas se vuelven su mejor distracción. A veces, de madrugada, queda tiempo para la vaina.

SI ALGO VA A HUNDIR ESTA REVOLUCIÓN ES EL GASTO DE LUZ

SIGLO VEINTE, CAMBALACHE
PROBLEMÁTICO Y FEBRIL

EL QUE NO LLORA
NO MAMA
Y EL QUE NO AFANA
ES UN GIIIIIIIL

TIENE QUE HABER UN SENTIDO OCULTO. FIJATE A VER SI LE ENCONTRÁS LA VUELTA...

Gracias al olfato periodístico de Masetti, con meses de anticipación PL llega a señalar el lugar exacto en Guatemala de la hacienda de Retalhuleu, donde la CIA prepara la invasión a Cuba. Mientras revisa los despachos, una parrafada caótica de la Tropical Cable (filial centroamericana de la All American Cable) le llama la atención.

Walsh logra descifrarlo completo con la ayuda de un manual de criptografía. Se trata de un informe dirigido a Washington con detalles de un desembarco armado en Playa Girón en abril de 1961. Llaman a Gabo para compartir aquella felicidad suprema de periodista.

Gabo visita a Félix Caignet, el célebre autor de radionovelas que escuchaba de chico. Un día le muestra el mamotreto de La casa, del que ya se han desprendido cuatro obras. El viejo maestro le transmite la necesidad de que sus textos sean audibles y legibles, como los relatos orales. Le da un par consejos, para él, los dos grandes secretos del arte de narrar.

√ Tiene que suceder siempre algo en cada párrafo porque a la gente le gusta que le cuenten cuentos, no que le hagan descripciones y disquisiciones.

√ La licencia del hipérbaton no siempre se acopla bien a la narrativa, y si en cada párrafo aparecen frases incómodas, dan ganas de esquivarlas. Cuando es así, lo mejor es mantener el orden gramatical para que el texto fluya.

García Márquez llega a Nueva York con Mercedes y Rodrigo a principios de 1961, el año del "sectarismo" en Cuba. El grupo de viejos comunistas que encabeza Aníbal Escalante está copando puestos en el Estado y PL es uno de sus objetivos. Mientras Masetti resiste, los corresponsales reciben amenazas de los exiliados.

RECUERDA QUE TIENES ESPOSA E HIJO. SABEMOS DONDE VIVES. ES MEJOR QUE TE VAYAS.

≪ WHITES   BLACKS ≫
NO DOGS - NO MEXICANS

De noche corrige y pule **La mala hora** mientras la campaña anti-castrista alcanza proporciones histéricas. Poco después se produce la invasión norteamericana a Cuba. En una semana, la población festeja "la primera derrota del imperialismo en América". Masetti se retira de PL e ingresa como soldado al Ejército rebelde.

Plinio Mendoza y García Márquez renuncian en solidaridad con Masetti. Otra vez en la calle, decide irse a México. Antes, quiere echarle un vistazo a los pagos sureños de su maestro Faulkner.

Son veinte días de ruta infernal por carreteras marginales, ardientes y tristes...

Con veinte dolares en el bolsillo llega a México el día en que Hemingway pone fin a su vida. Su amigo Alvaro Mutis lo ayuda a instalarse en el suburbio de San Angel Inn. Al día siguiente...

EL CABRON DE HEMINGWAY SE PARTIO LA MADRE DE UN ESCOPETAZO AYER.

ESTE ES EL COMIENZO DE UNA NUEVA EPOCA.

Esa noche escribe un conmovedor artículo de homenaje titulado *"Un hombre ha muerto de muerte natural"*, que aparece en la revista Novedades.

LEASE ESTA VAINA Y NO JODA, PARA QUE APRENDA COMO SE ESCRIBE.

El tiempo demostrará que Hemingway, como escritor menor, se comerá a muchos escritores grandes, por su conocimiento de los motivos de los hombres y de los secretos de su oficio.

Su trascendencia está sustentada en la oculta sabiduría que sostiene a flote una obra objetiva, de estructura directa y simple, y a veces escueta incluso en su dramatismo.

La lectura de *Pedro Páramo* y *El llano en llamas*, de **Juan Rulfo**, son como un taco de dinamita. Como antes con Kafka, Melville, Sófocles, Faulkner y Woolf, García Márquez enloquece con Rulfo. Bajo ese influjo, escribe *El mar del tiempo perdido*, un relato alegórico y fantástico, la antesala de *Cien años de soledad*. Faltan cuatro años para que se siente a escribirla.

n México quiere dedicarse al cine como guionista, tener una plataforma editorial de alcance continental y escribir. Al no conseguir trabajo en el cine, vuelve al periodismo frívolo al frente de dos revistas femeninas, de Gustavo Alatriste, con la condición de que su nombre no aparezca en ellas.

El 16 de abril de 1962, nace Gonzalo, su segundo hijo. Llega con un pan bajo el brazo: **La mala hora** gana el concurso nacional de novela que auspicia la Esso colombiana (3000 dólares de premio) y recibe mil pesos mexicanos como derechos de autor de **Los funerales de la mamá grande** (Universidad Veracruzana). Es la primera abundancia de su vida.

Se compra un coche, camisas y piyamas para Alvaro Mutis y cubre los gastos del parto.

De la mano de Mutis, pasa a trabajar en una agencia de publicidad. Hasta que empieza a escribir guiones del cine de la "nueva ola", en colaboración con Carlos Fuentes quien "traduce" los diálogos del colombiano al mexicano. En 1964 —su año de oro en el cine— escribe **Tiempo de morir**, su primer guión original. Arturo Ripstein filma la película —una historia del género de "charros y pistolas"— el año siguiente.

ste trabajo revela que García Márquez buscaba comunicar en el cine las mismas obsesiones de su obra literaria. Venganza, honor y destino trágico son los temas que impulsan esta acción. El tiempo y la estructura del guión son circulares y reiterativos; los personajes y las situaciones, macondianos. Todo lleva el sello de la realidad literaria de García Márquez.

JUAN SÁYAGO ACABA DE CUMPLIR UNA CONDENA DE 18 AÑOS POR HABER MATADO A UN HOMBRE EN UN DUELO. SUS HIJOS BUSCAN VENGANZA. JUAN LOGRA HACER LAS PACES CON UNO DE ELLOS.

¡TÚ NO SABES LO QUE PESA UN MUERTO!

CADA DÍA MÁS POLVO, CADA DÍA MÁS CALOR.

LUEGO DE SUFRIR TODOS LOS MALES QUE HAN PASADO POR ESTE PUEBLO, SÓLO ME QUEJO DE SOLEDAD.

¡CLICK! ¡CLICK!

OCHO AÑOS JUGANDO DOS VECES AL DIA A LA RULETA RUSA...

...Y SOLO ME HA SERVIDO PARA ENGORDAR

Tras varios fracasos, García Márquez cae en la cuenta de que el cine no era el medio de expresión más perfecto que él creía. En esos días Gabo y Carlos Fuentes se lamentan y consuelan el uno al otro de sus fracasos en el celuloide.

ESTO ES HUMILLANTE... ESTAMOS TRABAJANDO CON ANALFABETOS...

LO DEL CINE ES PARA FINANCIAR LO QUE QUEREMOS ESCRIBIR. ¡VAMOS!... ¡RECUERDA QUE TIENES QUE ESCRIBIR TU GRAN NOVELA!

En 1965, Luis Harss se encuentra con el colombiano para incluirlo en su libro **Los Nuestros** (del original en inglés **Into the mainstream**), la primera investigación sobre sobre la nueva narrativa latinoamericana. "Un misterio más profundo que la Atlántida". El escritor chileno-norteamericano venía de recorrer el continente —y Europa— para conocer a los escritores más emblemáticos del siglo: Jorge Luis Borges, Miguel Angel Asturias, Alejo Carpentier, Joâo Guimarâes Rosa, Juan Carlos Onetti, Julio Cortázar, Juan Rulfo, Carlos Fuentes y Mario Vargas Llosa. En conversaciones con los autores, unos le abrieron las puertas de los otros y a través de Fuentes Harss llegó a García Márquez. Mediante el metodo psicobiográfico, cada uno de los diez ensayos de Luis Harss es una unidad autónoma.

> El núcleo de cada ensayo es una conversación que transmite al lector un retrato vivo del autor y se enriquece con el aporte de material informativo y critico correspondiente.

ESTOY EN UN CALLEJÓN SIN SALIDA. ESCRIBO UN LIBRO QUE YA NO SÉ CUÁL ES, ME SIENTO GASTADO Y VACÍO. SE ME ESTÁN ENFRIANDO LOS MITOS...

HA ESTADO FUERA MUCHO TIEMPO...

Un día, rumbo a Acapulco con su familia, tiene una revelación, íntegra, la novela-río que viene escribiendo desde los 20 años. De golpe, sabe cómo escribirla.

¡ENCONTRÉ EL TONO!

¡VOY A NARRAR LA HISTORIA CON LA MISMA CARA DE PALO CON QUE MI ABUELA ME CONTABA SUS HISTORIAS FANTÁSTICAS PARTIENDO DE AQUELLA TARDE EN QUE EL NIÑO ES LLEVADO POR SU PADRE A CONOCER EL HIELO!

¡VOLVAMOS A CASA!

MAESTRO, VOY A ESCRIBIR UNA NOVELA. ¿RECUERDAS AQUEL MAMOTRETO QUE TE ENTREGUÉ EN EL AEROPUERTO DE BOGOTÁ EN ENERO DE 1954 PARA QUE LO METIERA EN LA CAJUELA DEL COCHE? PUES ES ÉSA, PERO DE OTRA MANERA.

Entre sus ahorros y la ayuda de Mutis logra juntar cinco mil dólares para que Mercedes administre la casa el tiempo que va a estar encerrado escribiendo la novela.

TENDRÁS QUE HACERTE CARGO DE TODO. TE RUEGO QUE NO ME INTERRUMPAS POR NINGÚN MOTIVO.

CIEN AÑOS DE SOLEDAD

Durante dieciocho meses, García Márquez se encierra en "La cueva de la Mafia", su estudio-bunker al fondo de la casa. De 8 a 15, escribe Cien años de soledad, mientras dedica las tardes a documentarse y a preparar el trabajo del día siguiente. Su manía documental lo lleva a consultar textos de alquimia, relatos de navegantes, crónicas sobre pestes medievales, manuales de venenos y antídotos, crónicas de Indias, tratados sobre las guerras civiles y armas antiguas, estudios sobre el escorbuto, el beriberi y la pelagra, además de la Enciclopedia Británica y diccionarios varios. Va a darle una salida literaria integral a las vivencias tempranas que lo marcaron a fuego.

QUISE DEJAR UNA CONSTANCIA POÉTICA DEL MUNDO DE MI INFANCIA, QUE TRANSCURRIÓ EN UNA CASA GRANDE, MUY TRISTE, CON UNA HERMANA QUE COMÍA TIERRA Y UNA ABUELA QUE ADIVINABA EL PORVENIR, Y NUMEROSOS PARIENTES DE NOMBRES IGUALES QUE NUNCA HICIERON MUCHA DISTINCIÓN ENTRE LA FELICIDAD Y LA DEMENCIA.

Después de redondear la célebre primera frase que abre su obra maestra...

Y... ¿QUÉ CARAJO VIENE DESPUÉS?

"Muchos años después, frente al pelotón de fusilamiento, el coronel Aureliano Buendía había de recordar aquella tarde remota en que su padre lo llevó a conocer el hielo."

NECESITABA EL HIELO EN ESA PRIMERA FRASE PORQUE EN UN PUEBLO QUE ES EL MÁS CALIENTE DEL MUNDO LA MARAVILLA ES EL HIELO. SI NO HACE CALOR, NO ME SALE EL LIBRO. TANTO CALOR HACE QUE YA NO HIZO FALTA VOLVER A MENCIONARLO, ESTABA EN EL AMBIENTE.

Por las noches, caen los amigos: Alvaro Mutis y Carmen Miracle, Jomí García Ascot y María Luisa Elío (a quienes dedica el libro), para hablar de la vaina y el libro en proceso.

ACABO DE ESCRIBIR UNA ESCENA EN QUE UN CURA LEVITA TOMÁNDOSE UNA TAZA DE CHOCOLATE.

¡QUÉ HORROR, ESTE HOMBRE ACABA DE JODER LA NOVELA!

TODO ES ASÍ, COMO EL BOLERO, EN EL LÍMITE DE LO SUBLIME O DE LO CURSI. O DOY EL TRANCAZO CON ESTE LIBRO O ME ROMPO LA CABEZA.

BOING!

GABO NO ES UN BUEN NARRADOR ORAL DE SUS HISTORIAS. PERO CUANDO TERMINÓ LA NOVELA Y ME LA DIO, QUEDÉ ASOMBRADO: VI EN ESE LIBRO EL GRAN LIBRO SOBRE AMÉRICA LATINA

Cuando escribe García Márquez habla mucho con sus amigos que siempre captan los puntos complicados.

GABO ESTÁ ESCRIBIENDO ALGO HERMOSO, ALGO QUE HACE LEVITAR...

SÍ, ESTÁ ESCRIBIENDO EL MOBY DICK DE AMÉRICA LATINA.

En noviembre de 1965, García Márquez le escribe una carta a **Luis Harss** hablándole de *Cien años de soledad* para que lo incluya en su libro.

Estoy loco de felicidad. Después de cinco años de esterilidad absoluta, este libro está saliendo como un chorro, sin problemas de palabras.

Es en cierto modo, la primera novela que empecé a escribir a los 17 años, pero más ampliada. No es sólo la historia del coronel Aureliano Buendía, sino la historia de toda su familia, desde la fundación de Macondo hasta que el último Buendía se suicida cien años después, y se acaba la estirpe.

Será como la base de un rompecabezas cuyas piezas he venido dando en los libros precedentes. Aquí están dadas todas las claves. Se conoce el origen y el fin de los personajes, y la historia completa, sin vacíos, de Macondo.

Aunque en esta novela las alfombras vuelan, los muertos resucitan y hay lluvia de flores, es tal vez el menos misterioso de todos mis libros, porque el autor trata de llevar al lector de la mano para que no se pierda en ningún momento ni quede ningún punto oscuro. Con éste, termino el ciclo de Macondo, y cambio por completo de tema en el futuro.

103

En Buenos Aires, Harss presenta los originales de ***Los nuestros*** a Francisco Porrúa, director literario de Editorial Sudamericana.

EL ÚNICO QUE NO CONOZCO ES GARCÍA MÁRQUEZ, ¿QUÉ PUEDES DECIRME DE ÉL?

Además de contarle quién es y dónde vive, Harss le presta sus cuatro libros. A Porrúa le gustan mucho. Le escribe al García Márquez con la propuesta de reeditarlos. Este le envía un adelanto de su última novela. A vuelta de correo, recibe un contrato y 500 dólares de anticipo. En un viaje relámpago a Colombia para asistir al estreno de ***Tiempo de morir***, entrega los primeros capítulos a sus amigos de Barranquilla. También se los hace llegar a su amigo Carlos Fuentes, que está en París. Fascinado, éste escribe un artículo que aparece en el suplemento literario de *¡Siempre!* en México.

29 de junio de 1966
Toda la historia "ficticia" coexiste con la historia "real", lo soñado con lo documentado, y gracias a las leyendas, las mentiras, las exageraciones, los mitos... Macondo se convierte en un territorio universal, en una historia casi bíblica de las fundaciones y las generaciones y las degeneraciones, en una historia del origen y destino del tiempo humano y de los sueños y deseos con lo que los hombres se conservan o destruyen.

A partir de comentarios periodísticos y anticipos de la novela en distintas revistas —el primero lo publican sus amigos de *El Espectador,* de Bogotá— un clima de entusiasmo y gran expectativa recorre el continente antes de su aparición.

De acuerdo con las leyes cíclicas de Macondo (y la tradición latinoamericana), en *Cien años de soledad* los nombres (y los destinos) se repiten y, a veces, todo se vuelve confuso.

LOS BUENDÍA TENÍAN LA COSTUMBRE DE PONER A LOS HIJOS LOS MISMOS NOMBRES DE LOS PADRES. HAY UNA PISTA SENCILLA PARA DISTINGUIRLOS: LOS JOSÉ ARCADIOS PROLONGAN LA ESTIRPE, PERO NO LOS AURELIANOS. CON LA SOLA EXCEPCIÓN DE JOSÉ ARCADIO SEGUNDO Y AURELIANO SEGUNDO, QUE POR SER GEMELOS IDÉNTICOS FUERON CONFUNDIDOS EN LA INFANCIA.

GENEALOGÍA DE LOS BUENDÍA

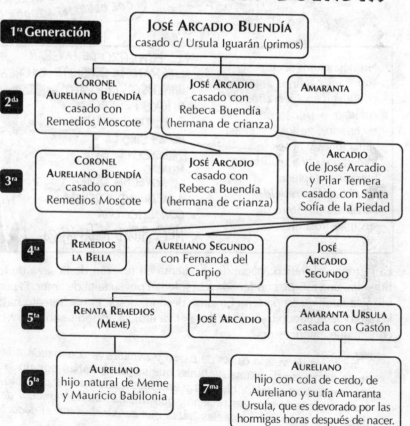

1ra Generación

JOSÉ ARCADIO BUENDÍA
casado c/ Ursula Iguarán (primos)

2da
CORONEL AURELIANO BUENDÍA casado con Remedios Moscote

JOSÉ ARCADIO casado con Rebeca Buendía (hermana de crianza)

AMARANTA

3ra
CORONEL AURELIANO BUENDÍA casado con Remedios Moscote

JOSÉ ARCADIO casado con Rebeca Buendía (hermana de crianza)

ARCADIO (de José Arcadio y Pilar Ternera casado con Santa Sofía de la Piedad

4ta
REMEDIOS LA BELLA

AURELIANO SEGUNDO con Fernanda del Carpio

JOSÉ ARCADIO SEGUNDO

5ta
RENATA REMEDIOS (MEME)

JOSÉ ARCADIO

AMARANTA URSULA casada con Gastón

6ta
AURELIANO hijo natural de Meme y Mauricio Babilonia

7ma
AURELIANO hijo con cola de cerdo, de Aureliano y su tía Amaranta Ursula, que es devorado por las hormigas horas después de nacer.

Con Cien años de soledad, García Márquez se suelta el moño. La Tierra puede ser una naranja, una mujer puede subir al cielo en cuerpo y alma, y los gitanos del circo pueden traer los últimos adelantos de la ciencia.

DURANTE TODO EL TIEMPO EN QUE ESCRIBÍ MIS LIBROS ANTERIORES, TUVE LA SENSACIÓN DE QUE ALGO FALTABA, PERO NO SABÍA QUÉ. SÓLO SABÍA QUE QUERÍA HACER UN FRESCO DE GENERACIONES EN EL QUE OCURRIERA TODO.

No deja cabos sueltos. Todos los caminos anteriores confluyen en *Cien años de soledad*: personajes, escenarios, gestos, escenas, situaciones y frases se integran en una realidad literaria completa.

En *El hombre rebelde*, Albert Camus (otro de sus maestros) dice:

EL ESFUERZO DE LA GRAN LITERATURA CONSISTE EN CREAR UNIVERSOS CERRADOS O TIPOS PERFECTOS. EL MUNDO NOVELESCO NO ES SINO LA CORRECCIÓN DE ESTE MUNDO. EL NOVELISTA ASPIRA A LA UNIDAD Y REVELA CON ELLO UNA NECESIDAD METAFÍSICA.

La historia del mítico Macondo se cuenta en función de la saga de los Buendía, una estirpe condenada a la soledad por su falta de amor. El pueblo y la familia comparten el mismo destino, desde el nacimiento hasta la ruina final cuando todo se lo lleva el viento. La acción se abre en Macondo, que entonces era...

"Una aldea de veinte casas de barro y cañabrava construida a la orilla de un río de aguas diáfanas que se precipitaban por un lecho de piedras pulidas, blancas y enormes como huevos prehistóricos. El mundo era tan reciente, que muchas cosas carecían de nombre, y para mencionarlas había que señalarlas con el dedo."

> *"Todos los años, una familia de gitanos desarropados plantaba su carpa cerca de la aldea y con un gran alboroto daban a conocer sus inventos."*

Es la tribu del visionario Melquíades, un mago trotamundos, experto en conocimientos esotéricos y marginales que en sucesivas transformaciones sobrevivió a todas las plagas del universo. El gitano, personaje clave del libro, se hace amigo de José Arcadio Buendía —joven patriarca de Macondo— rara mezcla de emprendedor con algo de científico e inventor loco.

LAS COSAS TIENEN VIDA PROPIA, TODO ES CUESTIÓN DE DESPERTARLES EL ÁNIMA.

En busca de una ruta que ponga a Macondo en contacto con los grandes inventos, el primero de los Buendía organiza una expedición. En medio de la selva descubren un enorme galeón español.

> *"Toda la estructura parecía ocupar un ámbito propio, un espacio de soledad y de olvido, vedado a los vicios del tiempo. En el interior, no había nada más que un apretado bosque de flores."*

En la crónica abundan las escenas surrealistas, donde lo extraordinario entra con naturalidad en lo cotidiano. Inspirándose en hechos reales, García Márquez recurre a la exageración o introduce elementos fantásticos. Por ejemplo, la irrupción de los gitanos (con sus esteras voladoras) en la primitiva vida de Macondo, la lluvia de pájaros muertos o el burdel zoológico en la decadencia de la aldea.

Vuelven los gitanos con la noticia de la muerte de Melquíades, que "había sucumbido a las fiebres en los médanos de Singapur". El capítulo cierra con la escena del hielo, anticipada en la primera frase. Este recurso que sirve para presentar (y encadenar) los episodios como círculos en un universo cerrado, se repite a lo largo de la novela.

"...un enorme bloque transparente, con infinitas agujas internas en las cuales se despedazaba en estrellas de colores la claridad del crepúsculo."

Al ser destapado, el cofre dejó escapar un aliento glacial.

¡ES EL DIAMANTE MÁS GRANDE DEL MUNDO!

¡NO! ¡ES HIELO! CINCO REALES MÁS PARA TOCARLO.

¡ESTÁ HIRVIENDO!

ESTE ES EL GRAN INVENTO DE NUESTRO TIEMPO.

José Arcadio Buendía y su mujer Ursula llegan a Macondo desde Riohacha, con la idea de iniciar una vida nueva. Son primos y se casan aunque se profetiza que en la familia tendrán un hijo con cola de cerdo. Atemorizada, Ursula se niega a consumar el matrimonio, pero se corre la voz de que sigue virgen porque su marido es impotente. Un día José Arcadio le gana una pelea de gallos a Prudencio Aguilar...

¡TE FELICITO! A VER SI POR FIN ESE GALLO LE HACE EL FAVOR A TU MUJER.

VUELVO ENSEGUIDA. Y TÚ, ANDA A TU CASA Y ÁRMATE, PORQUE TE VOY A MATAR.

Esa noche, tras el duelo de honor en que José Arcadio Buendía mata a Prudencio Aguilar con una lanza...

¡QUÍTATE ESO!

¡TÚ SERÁS RESPONSABLE DE LO QUE PASE!

SI HAS DE PARIR IGUANAS, CRIAREMOS IGUANAS. PERO NO HABRÁ MÁS MUERTOS EN ESTE PUEBLO POR CULPA TUYA.

...VETE AL CARAJO ☆

CUANTAS VECES REGRESES VOLVERÉ A MATARTE.

Atormentados por la desolación con que el muerto los mira, la pareja emprende la travesía a través de la sierra y funda la aldea donde crecerán sus tres hijos. Uno de ellos, el coronel Aureliano Buendía es el personaje más fabuloso y novelesco, el miembro más destacada de la segunda generación.

El coronel Aureliano Buendía promovió treinta y dos guerras y las perdió todas. Tuvo diecisiete hijos varones de diecisiete mujeres distintas, que fueron exterminados en una sola noche. Escapó a catorce atentados, a setenta y tres emboscadas y a un pelotón de fusilamiento.

Llegó a ser comandante general de las fuerzas revolucionarias y el hombre más temido por el gobierno, pero nunca permitió que le tomaran una fotografía. Declinó la pensión vitalicia que le ofrecieron después de la guerra y vivió hasta la vejez de los pescaditos de oro que fabricaba en su taller de Macondo.

Aunque peleó siempre al frente de sus hombres, la única herida que recibió se la produjo él mismo después de firmar la capitulación de Neerlandia que puso término a casi veinte años de guerras civiles. Lo único que quedó de todo eso fue una calle con su nombre en Macondo. Sin embargo, ni siquiera eso esperaba la madrugada en que se fue con sus veintiún hombres a reunirse con las fuerzas del general Victorio Medina.

CASI TODOS MIS PERSONAJES SON COMO ROMPECABEZAS ARMADOS CON PIEZAS DE MUCHAS PERSONAS DISTINTAS, Y POR SUPUESTO, CON PIEZAS DE MI MISMO.

La figura del abuelo Nicolas Marquez se proyecta en toda la estirpe. Aunque el coronel Buendía responde a la estampa del general Uribe, es también un esmerado orfebre y un gran fornicador que puebla la región de hijos naturales. Y sus andanzas guerreras determinan la posición social de los Buendía en Macondo. Ursula da otra pista para distinguir a las dos ramas masculinas.

¡MIENTRAS LOS AURELIANOS ERAN RETRAÍDOS, PERO DE MENTALIDAD LÚCIDA, LOS JOSÉ ARCADIOS ERAN IMPULSIVOS Y EMPRENDEDORES, PERO ESTABAN MARCADOS POR UN SIGNO TRÁGICO!

En su vejez José Arcadio Buendía se vuelve loco y muere atado a un castaño. Con la misma aptitud premonitoria que el autor, el coronel advierte la muerte del padre. "Cuiden mucho a papá porque se va a morir", le escribe a Ursula con dos semanas de antelación.

TANTAS FLORES CAYERON DEL CIELO, QUE LAS CALLES AMANECIERON TAPIZADAS DE UNA COLCHA COMPACTA, Y TUVIERON QUE DESPEJARLAS CON PALAS Y RASTRILLOS PARA QUE PUDIERA PASAR EL ENTIERRO.

La muerte de Jose Arcadio hijo es *"tal vez el único misterio que nunca se esclareció en Macondo"*. Tras el disparo, un hilo de sangre del muerto recorre Macondo al encuentro con su madre.

¡AVE MARÍA PURÍSIMA!

URSULA ES PARA MÍ EL PARADIGMA DE LA MUJER ESENCIAL, QUE CON SU SENSATEZ NO SÓLO ASEGURA LA CONTINUIDAD DE LA ESPECIE SINO TAMBIÉN LA DE LA NOVELA.

La menuda, activa y magnífica Ursula es el otro personaje central del libro. Mientras los hombres están ocupados en sus locuras (inventos, alquimias, guerras,

ES COMO SI EL TIEMPO DIERA VUELTAS EN REDONDO Y HUBIÉRAMOS VUELTO AL PRINCIPIO...

parrandas descomunales), ella encarna la mujer madre que mantiene cohesionado el mundo.

Este es el secreto de la extraordinaria longevidad de esta mujer que lidera esa casa de locos a través de todos sus peripecias. La casa que se llena de fantasmas (vivos y muertos), es también espejo de las mudanzas del pueblo: inmigraciones, pestes de insomnio y olvido, guerras, la fiebre del banano, el progreso, la decadencia. Ciega y medio loca, Ursula sólo se resigna a morir después del diluvio que coincide con la partida de compañía bananera tras la matanza de los trabajadores.

El miedo a engendrar un monstruo refuerza la vocación incestuosa (y por las relaciones edípicas) de los Buendía. José Arcadio y Aureliano son atraídos sin remedio por el "olor a humo" de la madura Pilar Ternera, con la que ambos se acuestan y tienen un hijo. El primero se casa con Rebeca Buendía, su hermana de crianza; el otro, con Remedios Moscote, una niña de trece años que podría ser su hija.

ERES UN BRUTO. NO SE LE PUEDE HACER ESTO A UNA POBRE TÍA, NI SIQUIERA CON DISPENSA ESPECIAL DEL PAPA. NACEN LOS HIJOS CON COLA DE CERDO.

AUNQUE NAZCAN ARMADILLOS.

Aureliano José y su tía Amaranta viven una pasión clandestina, sin consecuencias. Y el seminarista José Arcadio sueña y fantasea hasta la muerte (ahogado en la bañera) con su tía bisabuela Amaranta.

La novela admite infinidad de lecturas. Abunda el material crítico —libros, artículos, ensayos, tesis universitarias. Sobre todo, éste es un libro mágico, para disfrutar. Con personajes memorables, una prosa luminosa y bella. Todo tiene un aura de vitalidad. Así como la "magia" revela una forma de mirar la realidad latinoamericana, el humor previene contra el error (grave) de tomar en serio lo que es mamagallismo puro. Como buen caribe, Gabo se divierte contando historias con la cara de palo de su abuela Tranquilina (la única influencia que él reconoce).

EL CARIBE ME ENSEÑO A ACEPTAR LOS ELEMENTOS SOBRENATURALES COMO PARTE DE NUESTRA VIDA COTIDIANA, A VER MÁS ALLÁ DE LAS REALIDADES APARENTES.

En los ultimos dias de Macondo —de polvo y ruina— se cuelan la Barranquilla de los años 50 y los amigos. La novela se llena de bromas y acotaciones privadas, sin que el lector note el cambio de nostalgias.

ME ESTABA DIVIRTIENDO. TERMINABA MI RECLUSION, TENÍA EL LIBRO EN EL BOLSILLO Y SENTÍA QUE PODÍA HACER LO QUE QUISIERA. TENÍA QUE SER TERMINADO CON GRAN ALEGRÍA— PORQUE, EN OTRO SENTIDO, ES UN LIBRO MUY TRISTE. COMO LA VIDA. ¿NO?

A punto de descifrar los manuscritos de Melquíades, Aureliano (que ignora su verdadera identidad) visita la librería del sabio catalán, donde conoce a "¡los primeros y últimos amigos que tuvo en la vida!": Alvaro, Germán, Alfonso y Gabriel.

EL NIÑO DE ORO

— AHORA, DIME QUIÉN ES.

— AMARANTA URSULA, QUE QUIZÁS SEA MI HERMANA O MI TÍA.

— NO TE PREOCUPES. EN CUALQUIER LUGAR EN QUE ESTÉ AHORA, ELLA TE ESTÁ ESPERANDO.

En aquel Macondo olvidado, donde el polvo y el calor se habían hecho tan tenaces que costaba respirar, recluidos por la soledad y el amor y por la soledad del amor en una casa donde era casi imposible dormir por el estruendo de las hormigas, Aureliano y Amaranta Ursula eran los únicos seres felices, y los más felices sobre la tierra.

Amaranta Ursula, versión emancipada de Ursula, muere al dar a luz al niño con cola de cerdo, el único de la estirpe que ha sido engendrado con amor. Tras vagar por el pueblo desierto, Aureliano recobra la conciencia y vuelve a la casa en busca del hijo.

> En aquel instante prodigioso se le revelaron las claves definitivas de Melquíades, y vio el epígrafe de los pergaminos ordenado en el tiempo y el espacio de los hombres: El primero de la estirpe está amarrado a un árbol y al último se lo están comiendo las hormigas.

Con Aureliano, el lector descubre que Melquíades había escrito la historia de Macondo y de la familia, con cien años de anticipación. En sánscrito y en versos cifrados, había concentrado un siglo de episodios cotidianos de modo que todos coexistieran en un instante. Al final, el lector descubre que los manuscritos, escritos dentro de la novela, son la novela misma: Melquíades es el narrador de Cien años de soledad. Así García Márquez cierra el círculo de su realidad literaria, un mundo que se agota en el punto final.

> Antes de llegar al verso final ya había comprendido que no saldría jamás de ese cuarto, pues estaba previsto que la ciudad de los espejos (o los espejismos) sería arrasada por el viento y desterrada de la memoria de los hombres en el instante en que Aureliano Buendía acabara de descifrar los pergaminos, y que todo lo escrito en ellos era irrepetible desde siempre y para siempre, porque las estirpes condenadas a cien años de soledad no tenían una segunda oportunidad sobre la tierra.

Una manana de septiembre, el libro llega a su final natural. Ahí se entera de que la deuda doméstica asciende a los diez mil dólares. Mercedes se había hecho cargo de todo. Sin ella, no hubiera podido escribir *Cien años de soledad*, una obra en la que García Márquez despliega todo su genio.

MI ESPOSO ESTÁ ESCRIBIENDO UN GRAN LIBRO.
YA ME PONDRÉ AL DÍA CUANDO LO PUBLIQUE.

No alcanza para enviar el manuscrito al editor en Buenos Aires. Se desprenden de las únicas tres cosas que les quedan —el secador de pelo de Mercedes, la batidora y la estufa— para cubrir el franqueo postal.

¿QUÉ TAL?

SÓLO QUEDAN $80.-

OYE, GABO, AHORA LO ÚNICO QUE FALTA ES QUE ESTA NOVELA SEA MALA...

BUENOS AIRES ERA UNA FIESTA

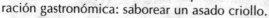

¡ESTO ES GENIAL! ES UNA OBRA PERFECTA.

Paco Porrua sabe que la novela entrará en la historia. Contagia su entusiasmo a su amigo Tomás Eloy Martínez, jefe de redacción de **Primera Plana**, y de común acuerdo invitan a García Márquez a Buenos Aires, donde integra el jurado del *Premio Primera Plana-Sudamericana*, junto a Augusto Roa Bastos y Leopoldo Marechal. En aquella madrugada del 20 de junio de 1967, García Márquez no imaginaba que la edición argentina de Cien años de soledad iba a dar vuelta su historia. Al bajar del avión, sorprende a sus anfitriones con una aspiración gastronómica: saborear un asado criollo.

El anonimato dura poco y nada. En la ciudad de Borges y Cortázar —misteriosa, mágica— García Márquez conoce la fama.

Pasaron unos días antes de que se desatara la locura y hubo que mudarlo de hotel y ponerle una secretaria que le filtrara las llamadas.

Toda la ciudad sucumbió de inmediato a la novela y se puso a leerla.

117

El exito fulminante toma a todos por sorpresa: se venden 30.000 ejemplares en una semana, sólo para empezar. En tres años, se venden 600.000 copias en castellano, y en ocho, dos millones. En pocos meses **Carmen Balcells**, su agente literaria, consigue dieciocho contratos de traducción. En 1998, la novela lleva vendidas más de 20.000.000 de copias en todo el mundo.

¡BRAVO!

¡POR SU NOVELA!

Esa noche, los García Márquez asisten al estreno de una obra de teatro en el **Instituto Di Tella**.

La sala entera se puso de pie. En ese preciso instante vi que la fama bajaba del cielo, envuelta en un deslumbrante aleteo de sábanas, como Remedios la bella, y dejaba caer sobre García Márquez uno de esos vientos de luz que son inmunes a los estragos de los años.

EL LIBRO HA TENIDO UNA RECEPCIÓN NO COMO NOVELA, SINO COMO VIDA.

¡AY, SÍ! MI TÍA ES IGUALITA A ÚRSULA

El periodista Horacio Verbitsky organiza una parranda babilónica con el propósito de reunir a Gabo con Rodolfo Walsh. No lo dejan.

TIEMPO DE REVANCHA

Con la novela publicada termina una larga espera. Por primera vez puede dedicarse a ser escritor profesional.

LA VIDA SE ME FUE ELUDIENDO OBSTÁCULOS QUE ME IMPEDÍAN SER ESCRITOR. INCLUSO CUANDO YA LO ERA, HECHO Y DERECHO, TENÍA QUE VIVIR DEL PERIODISMO, LA PUBLICIDAD, EL CINE...

Tendrá que aprender a convivir con la fama que se le ha caído encima. No la esperaba y le fastidia su nuevo papel de estrella. Piensa trasladarse a España a escribir la novela del dictador, *El otoño del patriarca*, "en la misma línea del disparatado realismo latinoamericano". Antes asiste al XIII Congreso Internacional de Literatura Iberoamericana y a la entrega del Premio Rómulo Gallegos, en Caracas. Conoce a Mario Vargas Llosa (con quien se había carteado) en el aeropuerto, cuando sus aviones aterrizan casi al mismo tiempo. Se hacen amigos.

¡PROHIBIDO HABLAR DE CIEN AÑOS DE SOLEDAD!

CUANDO TERMINO UN LIBRO, DEJA DE INTERESARME PARA SIEMPRE. COMO DECÍA HEMINGWAY, ES UN LEÓN MUERTO.

¡GEEZ, ERNIE! ...IT'S NOT FUNNY!...

Como respiro entre dos novelas, García Márquez escribe cuatro relatos breves: *"Un señor muy viejo con unas alas enormes"*, *"El ahogado más hermoso del mundo"*, *"Blacamán el bueno, vendedor de milagros"* y *"El último viaje del buque fantasma"*, publicados en revistas entre 1968 y 1971. Deja la idea de hacer un libro de cuentos infantiles para escribir un guión cinematográfico, **La increíble y triste historia de la cándida Eréndida y su abuela desalmada**, que se publica como relato en 1972. Es la historia de una chica de catorce años obligada a prostituirse para pagar la casa de la abuela, incendiada por un descuido de la niña.

El relato describe las peripecias de las dos mujeres en el desierto, un territorio inhóspito que rodea los otros escenarios de la realidad literaria: Macondo, Riohacha, "el pueblo" y la localidad marina. Por ahí se mueve gente marginal y nómade: gitanos, indios y contrabandistas. La abuela y la nieta viven en una carpa que arman en las afueras de los pueblos y sirve como burdel. Mientras el negocio prospera, los clientes de Eréndida van aumentando hasta formar colas de un kilómetro. Al final la abuela muere asesinada por Ulises, el amante de la nieta, luego de que ésta lleva años de prostitución.

Barcelona, 1968-1974. A García Márquez no le interesa una idea que no resista muchos años de abandono. Para sentarse a escribir necesita una imagen clara, simple y muy probada, que el tiempo no ha conseguido destruir.

SI ES TAN BUENA COMO PARA DURAR LOS QUINCE QUE ESPERÓ "CIEN AÑOS DE SOLEDAD", LOS DIECISIETE DE "EL OTOÑO DEL PATRIARCA" Y LOS TREINTA DE "CRÓNICA DE UNA MUERTE ANUNCIADA", NO ME QUEDA MÁS REMEDIO QUE ESCRIBIRLA.

La imagen de un déspota viejísimo que se queda solo en un palacio lleno de vacas dispara la historia.

Emplea la misma técnica que en *La hojarasca*: puntos de vista alrededor de un muerto. La diferencia es que aquí García Márquez tiene ahora una alas enormes y hace cuanto le da la gana. Se maneja con total libertad de lenguaje, sintaxis, tiempo, geografía, historia. El monólogo múltiple se parece a la vida bajo una dictadura (voces diferentes que cuentan la misma cosa de maneras distintas).

ESTE ES MI LIBRO MÁS EXPERIMENTAL Y EL QUE MÁS ME INTERESA COMO AVENTURA POÉTICA. TAMBIÉN EL QUE ME HA HECHO MÁS FELIZ.

¿MOOO?

LA NOVELA ES UN POEMA EN PROSA y está escrita como los versos, palabra por palabra. En el relato intervienen numerosas voces sin identificarse como sucede con la historia y esas conspiraciones masivas del Caribe, llenas de secretos a voces. Tiene una fuerte influencia musical.

Desde el punto de vista del lenguaje, éste es su libro más popular, con muchos giros, refranes y canciones del Caribe. Los traductores se vuelven locos al tratar de entender el sentido de frases que cualquier taxista de Barranquilla pescaría al vuelo.

Está lleno de guiños a los conocedores de Rubén Darío, que es incluso un personaje fugaz. Recita Rubén Darío.

Mientras escribe escucha a Béla Bartok (su músico favorito) y toda la música popular del caribe. La mezcla tenía que ser, sin remedio, explosiva. Su afición por la música es casi clandestina. Metida en el fondo de su vida privada, no le gusta oírla ni hablar de ella sino con sus amigos más íntimos.

UNA VIEJA EXPERIENCIA ME HA ENSEÑADO QUE DE TODA LA MÚSICA, LA MÁS CONMOVEDORA Y SINCERA SON LOS BOLEROS SENTIMENTALES DEL CARIBE. LOS INTELECTUALES LO SABEN, PERO LES DA VERGÜENZA DECIRLO POR MIEDO DE QUE LOS CREAN INCULTOS.

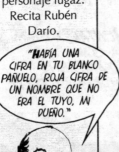

"HABÍA UNA CIFRA EN TU BLANCO PAÑUELO, ROJA CIFRA DE UN NOMBRE QUE NO ERA EL TUYO, MI DUEÑO."

La estructura espiral permite comprimir el tiempo y contar muchas más cosas. Abundan los largos párrafos sin punto, y sin punto y coma, en los que se enlazan distintos puntos de vista narrativos.

"Antes, durante la ocupación de los infantes de marina, se encerraba en su oficina para decidir el destino de la patria con el comandante de las tropas de desembarco y firmaba toda clase de leyes y mandatos con la huella del pulgar, pues entonces no sabía leer ni escribir, pero cuando lo dejaron solo otra vez con su patria y su poder no volvió a emponzoñarse la sangre con la conduerma de la ley escrita sino que gobernaba a viva voz y de cuerpo presente a toda hora y en todas partes con una parsimonia rupestre pero también con una diligencia inconcebible para su edad, asediado por una muchedumbre de leprosos, ciegos y paralíticos que suplicaban de sus manos la sal de la salud, y políticos de letras y aduladores impávidos que lo proclamaban corregidor de los terremotos, los eclipses, los años bisiestos y otros errores de Dios, arrastrando por toda la casa sus grandes patas de elefante en la nieve mientras resolvía problemas de estado y asuntos domésticos con la misma simplicidad con que ordenaba que me quiten esta puerta de aquí y me la pongan allá, la quitaban, que me la vuelvan a poner, la ponían, que el reloj de la torre no diera las doce a las doce sino a las dos para que la vida pareciera más larga, salvo a la hora mortal de la siesta en que se refugiaba en la penumbra de las concubinas, elegía una por asalto, sin desvestirla ni desvestirse, sin cerrar la puerta, y en el ámbito de la casa se escuchaba entonces su resuello sin alma de marido urgente, el retintín anhelante de la espuela de oro, su llantito de perro, el espanto de la mujer que malgastaba su tiempo de amor tratando de quitarse de encima la mirada escuálida de los sietemesinos, sus gritos de lárguense de aquí, váyanse a jugar en el patio que esto no lo pueden ver los niños, y era como si un ángel atravesara el cielo de la patria, todo el mundo quedó petrificado con el índice en los labios, silencio, el general está tirando, pero quienes mejor lo conocieron no confiaban ni en la tregua de aquel instante sagrado, pues siempre parecía que se desdoblaba... "

Descarta dos versiones. El monólogo del dictador sentenciado a muerte cae por anti-histórico: los dictadores se morían de viejos, los mataban o se fugaban. No los juzgaban. La biografía falsa funciona, pero no quiere se parezca a Cien años de soledad. Para entrar en clima, muda su centro de operaciones a la España de Franco donde ve cómo es la vida cotidiana bajo una dictadura como las de antes. Pero no consigue que haga calor en la ciudad del libro. Y el del dictador es un país del Caribe donde hace un calor tremendo.

¿Y A QUÉ HA VENIDO A COLOMBIA?

A TRATAR DE RECORDAR EL OLOR DE LA GUAYABA.

ESPANTO LA PAVA DE LA MUERTE POR 2 REALES

Pasa casi un año de vida errante por las Antillas menores, de isla en isla. A la vuelta siembra algunas plantas, pone algún olor, y —¡voila!— crea la ilusión del calor. El libro termina sin tropiezos. El resultado es un libro caribeño, costeño, un lujo que se permite el autor de **Cien años de soledad** cuando decide escribir lo que quiere. Es también un libro de confesión, una autobiografía en clave, lleno de experiencias personales. La ciudad del dictador mezcla el Caribe español con el inglés.

MARTINICA PARAMARIBO TRINIDAD GUAYRA CARTAGENA

Cuando aparecio El Otono del Patriarca, en 1975, muchos se quejaron de que era un libro difícil de leer. Que hacía falta una cierta iniciación literaria.

¡FUE DIFÍCIL DE ESCRIBIR!

LA SÍNTESIS HUMANA Y LOS CONTRASTES QUE HAY EN EL CARIBE NO SE VEN EN OTRO LUGAR DEL MUNDO.

DICE E'L QUE ME DIGAS TÚ A MÍ PA' QUE LE DIGA YO A E'L QUE ADONDE COÑOS CREES QUE TE VAS TÚ.

PUES DÍLE TÚ QUE TE HE DICHO A TÍ PA' QUE LE DIGAS A E'L QUE ¡YO ME VOY A EMBARCAR, CHICO!

También es el libro que más tiempo le lleva. Sin la seguridad financiera de **Cien años de soledad**, no hubiera podido escribirlo. En él, García Márquez ha puesto toda la cultura caribe, empezando por la suya. El burdel donde vivía en Barranquilla, "las camas de alquiler de Matilde Arenales", la Cartagena de sus tiempos de estudiante, las cantinas del puerto adonde iba a comer a la salida del periódico, a las cuatro de la madrugada, y hasta las goletas que al amanecer se iban para Aruba y Curazao cargadas de putas. Hay calles que se parecen a la del Comercio de Panamá, rincones de La Habana vieja, de San Juan o de la Guayra. También lugares que pertenecen a las Antillas inglesas, con sus hindúes, chinos y holandeses.

La primera frase es capital. Todo el libro depende de ella:

Durante el fin de semana los gallinazos se metieron por los balcones de la casa presidencial, destrozaron a picotazos las mallas de alambre de las ventanas y removieron con sus alas el tiempo estancado en el interior, y en la madrugada del lunes la ciudad despertó de su letargo de siglos con una tibia y tierna brisa de muerto grande y de podrida grandeza.

Encuentran el cadáver del patriarca en su oficina.

Allí lo vimos a él, más viejo que todos los hombres y todos los animales viejos de la tierra y del agua, y estaba tirado en el suelo, bocabajo, como había dormido noche tras noche durante todas las noches de su larguísima vida de déspota solitario.

Esta no es su primera muerte. En el principio de su otoño muere su doble, Patricio Aragonés, herido por un dardo envenenado.

Ahí le dejo con su mundo de mierda. Ahora le puedo decir que nunca lo he querido, sino que desde que caí en sus dominios estoy rogando que lo maten para que me pague esta vida de huérfano que me ha dado.

¡TE DI LO QUE NADIE, HASTA PRESTARTE MIS PROPIAS MUJERES!

¡CÁLLATE, CARAJO!

VALE MÁS ESTAR CAPADO A MAZO QUE ANDAR TUMBANDO MADRES POR EL SUELO, SÓLO A USTED SE LE OCURRE CREER QUE ESA VAINA ES AMOR PORQUE ES EL ÚNICO QUE CONOCE.

l patriarca, organiza una muerte de farsa.

> ¡CARAJO, NO PUEDE SER QUE ÉSE SOY YO, NO ES JUSTO!

> DIOS MÍO, ¿QUÉ VA A SER DE NOSOTROS SIN ÉL?

> ¡DE MODO QUE ERA ÉL!

Empiezan a sonar campanas de júbilo y tambores de liberación. El patriarca ve a los grupos de asalto que se llevan el cadaver a rastras, destruyendo todo a su paso.

> ¡SE MURIÓ MI PAPÁ! ¡VIVA LA LIBERTAD!

El patriarca abandona su escondite e irrumpe en el salón del consejo de ministros, donde planean el reparto del botín de su muerte.

Tras la estampida de pánico, queda solo con su compadre, el general Rodrigo de Aguilar, quien le indica tirarse al suelo que "empiezan las vainas".

> "PARA QUE NADIE ESCAPE CON VIDA AL CONCILIÁBULO DE LA TRAICIÓN"

Un "historico viernes de octubre" el patriarca encuentra a todos con bonetes colorados. La escena que mezcla dos hechos históricos —la llegada de Colón y el desembarco de los marines— no respeta el tiempo cronológico en que ocurrieron.

Mirad que bien hechos, de muy fermosos cuerpos y muy buenas caras, y los cabellos gruesos y casi como sedas de caballos...

Han llegado unos forasteros que parlotean en lengua ladina. No dicen el mar, sino la mar, llaman papagayos a las guacamayas, almadías a los cayucos y azagayas a los arpones...

COLÓN ES EL PERSONAJE QUE MÁS DETESTO: TENÍA LA PAVA, LO DIGO EN EL LIBRO.

LA VAINA FUE QUE SE FORMÓ UN CAMBALACHE DE LA PUTA MADRE Y AL RATO TODO EL MUNDO ESTABA CAMBALACHEANDO CUANTO DIOS CRIÓ.

Mirad que de ellos se pintan de prieto, y ellos son de la color de los canarios, ni blancos ni negros.

NO ENTIENDO POR QUÉ CARAJO NOS HACEN TANTA BURLA SI ESTAMOS TAN NATURALES COMO NUESTRAS MADRES NOS PARIERON.

El patriarca intenta entender el embrollo que le están contado.

Dueño de una personalidad imponente, el dictador Gómez tenía una intuición tan extraordinaria que más parecía una facultad de adivinación. Como el patriarca, hacía anunciar su muerte y luego resucitaba.

Hay obras que le enseñan mucho, como Edipo rey, su libro favorito. También aprende bastante de Plutarco, de Suetonio y de los biógrafos de Julio César.

GÓMEZ EJERCÍA SOBRE MÍ UNA FASCINACIÓN TAN INTENSA QUE EL PATRIARCA TIENE MUCHO MÁS DE ÉL QUE DE OTROS.

JULIO CÉSAR ES EL PERSONAJE QUE YO HUBIESE DESEADO CREAR EN LA LITERATURA.

OH... ¡NO!

EL PATRIARCA está armado con retazos de muchos dictadores latinoamericanos, en especial, los del Caribe. En sus biografías descubre que todos eran delirantes.

EL DOCTOR DUVALIER, de Haití, "Papa Doc" hizo exterminar todos los perros negros que había en el país porque uno de sus enemigos se había convertido en perro para no ser detenido y asesinado.

EL GENERAL GARCÍA MORENA gobernó el Ecuador durante 16 años como un monarca absoluto, y su cadáver fue velado con su uniforme de gala y su caraza de condecoraciones sentado en la silla presidencial.

MAXIMILIANO HERNÁNDEZ MARTÍNEZ, de El Salvador, teósofo que mandó matar a 30 mil campesinos. Se hizo forrar con papel rojo todo el alumbrado público del país para combatir una epidemia de sarampión. Había inventado un péndulo para saber si los alimentos estaban envenenados.

Como los déspotas más ilustres de la historia, la madre es la imagen dominante en sus vidas, mientras son en cierto modo huérfanos de padre. Cuando muere la suya, el patriarca utiliza todos los recursos de su autoridad para conseguir su canonización. Más que el retrato del dictador feudal, le interesa la oportunidad de reflexionar sobre el misterio del poder individual, su soledad y su miseria. El poder —la expresión más alta de la ambición y la voluntad— es una vocación dominante, una pasión que se transforma en sustituto del amor. La historia demuestra que los poderosos viven atribulados por una especie de frenesí sexual.

> MADRE NO HAY SINO UNA, LA MÍA.

> EL PODER ES UN AFRODISÍACO.

> QUIEN BUSCA Y CONSIGUE EL PODER ES INCAPAZ DE AMAR, COMO EL TENIENTE DE "LA MALA HORA", EL CORONEL AURELIANO BUENDÍA Y EL PATRIARCA. ESO LOS IMPULSA A BUSCAR EL CONSUELO DEL PODER.

> LA PREGUNTA EN EL PODER Y LA FAMA SERÍA ¿A QUIÉN CREERLE? LLEVADA A SUS EXTREMOS DELIRANTES TENDRÍA QUE CONDUCIR A LA PREGUNTA FINAL...

El teniente de *La mala hora* es su primera tentativa de explorar el poder a un nivel tan modesto como el de un alcalde de pueblo. El patriarca, la más compleja. La soledad de la fama se parece a la del poder. La estrategia para preservarse de la una y conservar el otro se asemeja. Esto explica en parte la causa de la soledad en ambos casos. La incomunicación agrava el problema. Al final, la información conduce al aislamiento de la realidad evasiva y cambiante.

¿QUIÉN @ARAJO SOY YO?

¿DÓNDE @ARAJO ESTOY?

La conciencia de este riesgo, que no hubiera conocido de no ser un escritor famoso, lo ayudó a crear un patriarca que ya no conoce, tal vez, ni su propio nombre.

García Márquez ha entrado en posesión de un capital político: **su reputación de escritor**. Aprovecha la fama para convertirse en un embajador extraoficial de América latina, intercediendo cada vez que puede en causas que defiende y le importan. En los setenta se vuelve un activo militante en favor de los derechos humanos y contra la intromisión norteamericana en

el continente. Ayuda a fundar y a solventar **Habeas**, una organización internacional de derechos humanos.

Vuelve a radicarse en México, pero viaja con frecuencia a sus otras residencias en Cartagena, La

Habana, París y Barcelona. Estrecha lazos con mandatarios de tendencia progresista (europeos y latinoamericanos). Siendo amigo personal de Castro y Torrijos; de Carlos Andrés Pérez, de Venezuela; Alfonso López Michelson, de Colombia y de los sandinistas, en Nicaragua, asume con naturalidad su papel de intermediario oficioso en la zona del Caribe.

En mi próxima reencarnación yo quiero ser escritor...

DIOS MÍO, QUÉ COSAS LE SUCEDEN A LOS ESTADOS UNIDOS.

¡BROWM!

Su amistad con Castro se basa en esa complicidad caribe. Lector voraz y conocedor de la mejor literatura, Fidel le señaló un error de cálculo de velocidad del barco en Aventura de un Náufrago. Desde entonces, Gabo le da a leer los originales de sus libros.

En 1979, Gabo disfrutó de una pequeña revancha. Al concurrir a Washington al encuentro con el presidente Carter para la firma de los tratados del Canal de Panamá, Torrijos sumó a García Márquez y a Graham Green a su comitiva. Estaba empeñado en resolver el problema de los intelectuales que tenían la entrada prohibida a los Estados Unidos. Al bajar del avión oficial, con pasaportes panameños, Gabo y Green se reservaron la íntima satisfacción de la burla, entre himnos y cañonazos, como sólo llegan a los Estados Unidos los jefes de Estado.

En 1981 Mitterand le otorga la Legión de Honor, con una frase que le llega al corazón: "Usted pertenece al mundo que amo".

En Colombia, para el lanzamiento de ***Crónica de una muerte anunciada***, en 1981, el gobierno conservador lo acusa de financiar al grupo guerrillero M-19. García Márquez pide asilo político en la embajada mexicana y abandona Bogotá en medio de un escándalo. En Cuba, el escritor argentino ***Osvaldo Soriano*** (1943/1997) le hace una nota para la revista ***Humor***, de Buenos Aires.

Difícil saber lo que piensa la gente de este hombre sagaz y tímido, que ha recorrido con la literatura el mismo camino que los boxeadores famosos. Escribe Soriano:

"Admite " cierto parentesco con la parábola de Cassius Clay: ¿qué pensará la gente de ese campeón, metido de cabeza en la política, que ganaba millones y los cedía a las buenas causas? García Márquez no compite ni fanfarronea, pero cada uno de sus gestos públicos da la vuelta al mundo en los cables de las agencias noticiosas. Hay quienes asimilan su asilo político con la bufonada de Muhammad Alí para atraer espectadores. ¿Tienen ambos el mismo don para la publicidad?"

> NO ME AMENAZARON Y RESPONDÍ COMO PARA PONER LOS EN UN APRIETO. SI LOS MILITARES TIENEN SU PODER, YO TENGO EL MÍO, QUÉ CARAJO: YO TENGO EL PODER DEL ESCRITOR FAMOSO.

¿Cómo funciona ese poder? García Márquez dice que es un tipo simple y amable. Pero nunca fue modesto. Sabe que puede levantar un teléfono y arreglar en cinco minutos lo que a otros les cuesta una vid. A veces, quisiera apretar un botón y que la fama desaparezca; claro, ese mismo botón serviría para que volviera...

> QUIZÁS ME SENTIRÍA SÓLO SIN ELLA, PERO ES IMPOSIBLE COMPROBARLO. YA ES DEMASIADO TARDE: SOY UN HOMBRE PÚBLICO.

Detesta que su vida se transforme en un espectáculo. Siente una especie de rencor hacia **Cien años**: *"Es como si se hubiese metido en mi casa para apoderarse de todo. Fue escrito con todos los trucos de la vida"*.

Crónica de una muerte anunciada aparece como la victoria de un gran narrador sobre su propia leyenda. Crónica de una historia real, narra un crimen atroz en el que dos hermanos matan a un hombre. Una chica se casa, su marido la devuelve a sus padres porque no es virgen. Sus dos hermanos dan muerte al hombre que, según creen, la ha deshonrado. Esta era una historia común en los años cincuenta. Parte de la imagen de Santiago Nasar acuchillado y sostenido en pie por los puñales de sus asesinos.

Esta es la primera frase:

> *"El día que lo iban a matar, Santiago Nasar se levantó a las 5.30 de la mañana para esperar el buque en que llegaba el obispo."*

Narra con la precisión de un cirujano.

Cuando se describe una pelea no hay que dejar que se peleen las palabras. Son los personajes, no las palabras los que se baten. Eso se aplica también para contar una parranda o una escena de amor.

Esta es quizás su novela más compleja. ¿Resistirá los doscientos años que él exige a "una buena novela" para probarse como tal? Para algunos (empezando por el propio autor) **Crónica** es una gran novela, pero a diferencia de **Cien años**, no es un libro memorable. Es un libro para escritores.

A ESTA NOVELA SE LE VEN LOS TORNILLOS COMO A UN VAGÓN DE FERROCARRIL, COMO DECÍA HEMINGWAY.

PARA LLEGAR A LA VERSIÓN FINAL DE CRÓNICA, HE TIRADO AL CANASTO MILES DE HOJAS DE PAPEL. SIEMPRE ES ASÍ: UN CUENTO DE QUINCE PÁGINAS ME LLEVA OCHOCIENTAS CARILLAS: UNA NOTA PERIODÍSTICA ES EL RESULTADO DE VARIAS REESCRITURAS. CUANDO UN TEXTO SE CAE, LO ABANDONO: ES INÚTIL INYECTAR SUERO A UN MORIBUNDO.

Un escritor advierte las claves de la escritura: la parte del iceberg (siguiendo con Hemingway) visible que dejan entrever a un lector atento las otras cuatro quintas partes ocultas bajo esa escritura precisa, elaborada, que hace pensar en un informe periodístico.

El tema tiene la estructura precisa de una novela policial.

¿Por qué espera tanto? A su madre la contrariaba la idea de ver tanta gente conocida y parientes dentro de un libro escrito por un hijo suyo. Le había pedido que no escribiera el libro mientras la madre de la víctima estuviese viva. Pero el tema le pega fuerte cuando descubre el elemento esencial: que los dos homicidas no querían cometer el crimen y habían hecho todo para que alguien se lo impidiera, y no lo consiguieron.

La historia termina casi veinticinco años después del crimen, cuando el esposo regresa con la esposa repudiada. El libro tenía que terminar con la descripción minuciosa del crimen. La solución fue introducir un narrador —por primera vez él mismo— que se pasea a su gusto por el tiempo estructural de la novela.

ES UN CRIMEN DE RESPONSABILIDAD COLECTIVA, ADEMÁS DE UNA RADIOGRAFÍA Y UNA CONDENA DE LA ESENCIA MACHISTA DE NUESTRA SOCIEDAD MATRIARCAL.

LA MEJOR FÓRMULA LITERARIA ES SIEMPRE LA VERDAD.

Al publicarse la novela, los periodistas agarraron el hilo, viajaron a Sucre y destaparon los nombres reales. Cuando su madre le dijo: *"Hijo mío, te ruego que hagas recoger ese libro que está haciendo mucho daño a una familia que queremos mucho"*, Gabo respondió: *"Madre, hay un millón de ejemplares en la calle"*.

Crónica fue concebida a razón de una página por día. Empieza a las nueve y no para hasta tener lista una página, una sóla, que debe ser a su juicio perfecta. Y emplea otra técnica aprendida de Heminway: no agotar nunca una idea en una sola jornada; dejar la página sabiendo cómo va a continuar el relato, de manera de facilitar el trabajo del día siguiente. En el estilo de **Crónica** se pasea el espectro de Ernest Hemingway:

> EN EL FONDO SIEMPRE VUELVO AL PERIODISMO, A LA EXTREMA ECONOMÍA DE PALABRAS.

Una mañana de octubre de 1982, recibe un llamado de su amigo Pierre Shori.

...UN...
¿FRAC?

NECESITARÁS UN FRAC. ENCABEZÁS UNA LISTA DE CINCO PARA EL PREMIO NOBEL.

¿QUÉ POSIBILIDAD HAY DE QUE NO ME LO DEN?

YA GANASTE. NO TE LO DARÁN SI SE ENTERAN QUE SE FILTRÓ LA NOTICIA.

LA CUMBIA DEL NOBEL

En diciembre de 1982, García Márquez llega a Estocolmo con la primera nevada del año. Es el cuarto latinoamericano que recibe el Premio Nobel de Literatura después de la chilena Gabriela Mistral (1945), el guatemalteco Miguel Angel Asturias (1967) y el chileno Pablo Neruda (1972). Se aloja con Mercedes y su hijo Gonzalo en el Grand Hotel.

NO VOY A DAR CONFERENCIA DE PRENSA. ESTE PROTOCOLO ES ALUCINANTE, ASÍ QUE NO TENDRÉ UN MINUTO DE RESPIRO.

Su primera medida: esfumarse del hotel. Cuando reaparece lleva en la mano una rosa amarilla, símbolo de Colombia y su amuleto personal.

MERCEDES SIEMPRE PONE UNA ROSA EN MI ESCRITORIO. SI NO LAS COSAS NO ME SALEN.

Se refugia en la mansión campestre de Olaf Palme, flamante jefe del gobierno socialista sueco y gran amigo.

¿QUÉ HARÁ CON LOS 157 MIL DÓLARES DEL PREMIO?

VOY A FUNDAR UN DIARIO EN COLOMBIA CON PERIODISTAS MENORES DE TREINTA AÑOS, PARA QUE ADQUIERAN EL OFICIO COMO SE DEBE. UN DIARIO DESTINADO A EXALTAR LOS VALORES FUNDAMENTALES DEL HOMBRE, SIN BANDERÍAS.

Como tema musical para recibir el premio de mano del rey Carl Gustav, Gabo elige *Intermezzo interroto* del concierto para orquesta de Béla Bartok.

Entre sus amigos están Michelle Mitterand, esposa del presidente francés y el consejero de éste, Regis Debray. Consciente de que su discurso será un perfecto altavoz, García Márquez pone sobre el tapete a toda América latina.

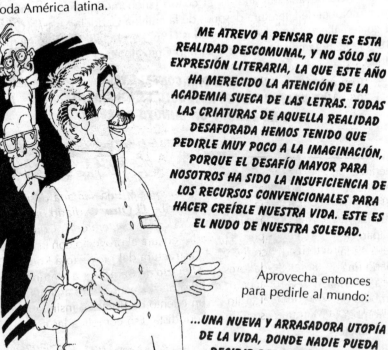

ME ATREVO A PENSAR QUE ES ESTA REALIDAD DESCOMUNAL, Y NO SÓLO SU EXPRESIÓN LITERARIA, LA QUE ESTE AÑO HA MERECIDO LA ATENCIÓN DE LA ACADEMIA SUECA DE LAS LETRAS. TODAS LAS CRIATURAS DE AQUELLA REALIDAD DESAFORADA HEMOS TENIDO QUE PEDIRLE MUY POCO A LA IMAGINACIÓN, PORQUE EL DESAFÍO MAYOR PARA NOSOTROS HA SIDO LA INSUFICIENCIA DE LOS RECURSOS CONVENCIONALES PARA HACER CREÍBLE NUESTRA VIDA. ESTE ES EL NUDO DE NUESTRA SOLEDAD.

Aprovecha entonces para pedirle al mundo:

...UNA NUEVA Y ARRASADORA UTOPÍA DE LA VIDA, DONDE NADIE PUEDA DECIDIR POR OTROS HASTA LA FORMA DE MORIR, DONDE DE VERAS SEA CIERTO EL AMOR Y SEA POSIBLE LA FELICIDAD, Y DONDE LAS ESTIRPES CONDENADAS A CIEN AÑOS DE SOLEDAD TENGAN POR FIN Y PARA SIEMPRE UNA SEGUNDA OPORTUNIDAD SOBRE LA TIERRA.

Por la noche sus amigos lo sorprenden con una parranda en el hotel con música colombiana y la participación de 60 artistas de su país. Festeja bailando cumbias, merengues y pachangas.

El diario que no fue

Vuelve a México, a su casa en el Pedregal, un barrio de lujosas residencias.

> Al terminar Crónica, me sentí en estado de soledad extrema. Añoraba mis años de reportero, cuando no tenía que vivir condenado a los desconciertos de la imaginación.

¡ES BOGART!
¡ES MURROW!

...PERO NO, HUEVÓN! SI SE VE A LA LEGUA QUE ES GABO...

Cuenta Tomás Eloy Martínez: *"Para sosegarse, una semana después de recibir el Nobel, García Márquez concibe **El Otro**, el diario que muere nonato siete meses más tarde "asfixiado por la literatura". Con la plata del premio y algunos aportes privados encara el proyecto con la obsesión que lo caracteriza. Encomienda la estructura del proyecto a Rodolfo Terragno, uno de los fundadores de **El diario** de Caracas y a Martínez le pide que organice la redacción. Del diseño se encarga otro argentino, Juan Fresán. **El Otro** tiene el título de un cuento de Borges e insinua a la vez que García Márquez es también periodista. Eso complica las cosas...*

¿Qué tipo de escritura esperaría la gente de un medio como éste?
¿Un realismo mágico sembrado de adjetivos restallantes, a la manera de "El Otoño del Patriarca"?
¿Una reproducción al infinito de las últimas crónicas políticas que el propietario escribía en los descansos entre una novela y otra?

Casi no hubo tiempo de postular una respuesta.

En junio de 1983 García Márquez empieza a confiarle sus dudas a Rodolfo Terragno.

ANOCHE NO PUDE DORMIR PORQUE LA TREPIDACIÓN DE LAS ROTATIVAS QUE COMPRAREMOS EL PRÓXIMO MES ME ESTÁ VOLVIENDO LOCO

SOÑÉ CON UNA NOVELA EN LA QUE UN VIEJO DE 80 VIVE UNA HISTORIA DE FRENESÍ SEXUAL CON UNA VIEJA DE 70. SI SUPIERA LOS NOMBRES DE ESOS VIEJOS YA ESTARÍA ESCRIBIENDO LA HISTORIA.

MAÑANA LLEGO A CARACAS PARA QUE PONGAMOS EN MARCHA ESTA VAINA.

Al encontrarse, sólo hablan de su historia de amor. Se citan para verse de madrugada, luego de que Gabo saliera de una comida con el rey de España y el presidente de Venezuela.

YA ESTÁ TODO LISTO PARA SACAR EL DIARIO. INSTÁLENSE EN BOGOTÁ Y EMPIECEN A TRABAJAR. YO TENGO QUE ENCERRARME A ESCRIBIR LA NOVELA SOBRE LOS VIEJOS.

DE ESO SE TRATA.

¿QUIERES QUE EL OTRO DE GARCÍA MÁRQUEZ SALGA SIN QUE GARCÍA MÁRQUEZ ESTÉ PRESENTE?

GABO, EL OTRO SOS VOS; NO PODEMOS PONERNOS EN ESE PERSONAJE.

Se niegan. Gabo trata de explicar lo que ellos ya saben: que no se puede escribir una novela y un diario a la vez. Que para la novela él era imprescindible pero que al diario le bastaría con ellos. Que ya no puede esperar porque la novela le está mordiendo las entrañas. Ellos le dicen lo que él ya sabe.

Cada vez habla más de la novela, hasta que encuentra el nombre perfecto para el viejo de la historia: Florentino Ariza.

DESDE ENTONCES NADIE VOLVIÓ A MENCIONAR EL DIARIO.

FUE UN PERÍODO DE FELICIDAD CASI COMPLETA. ES EL LIBRO QUE ESCRIBÍ DESDE MIS ENTRAÑAS. SOY UN FANÁTICO DEL MELODRAMA COMO GÉNERO: EL AMOR ES UN TEMA INFINITO.

Se instala en la mágica Cartegena de Indias, donde viven sus padres, cuyo frustrado noviazgo inicial inspira *El amor en los tiempos del cólera* (1985). Su padre muere antes de ver la novela. Esta transcurre en 1870, en los infinitos recovecos de la ciudad amurallada donde se aman, se dejan y se recuperan Florentino Ariza y Fermina Daza.

Se levanta a las 5, escucha las noticias y lee hasta las 8, cuando se sienta a escribir (ahora en computadora) hasta el almuerzo. Entonces baja a la playa, donde Mercedes lo espera con amigos. El menú habitual: pescado, langosta o camarones frescos del día. Por las tardes, visita a sus padres interrogando a cada uno por separado. Sale a la calle en busca de lugares que visitarían sus personajes, a charlar y empaparse del lenguaje y la atmósfera locales. De ese modo, a la mañana siguiente cuenta con material fresco, traido de las calles. En la novela vuelve a asomar su fascinación por las pestes.

Seguía siendo la misma ciudad ardiente y árida de sus terrores nocturnos y los placeres solitarios de la pubertad, y a la cual no le había ocurrido nada en cuatro siglos, salvo el envejecer despacio entre laureles marchitos y ciénagas podridas.

odos los libros de García Márquez se tocan y entrecruzan. Esta necesidad de contar siempre la misma historia como en una espiral nace de la nostalgia, la materia prima que forma la base de su escritura. No se refiere a la nostalgia "de los buenos tiempos pasados" sino al hecho de ver la vida desde una perspetiva determinada. La historia abre con una muerte.

EL AMOR EN LOS TIEMPOS DEL COLERA

Era inevitable: el olor de las almendras amargas le recordaba siempre el destino de los amores contrariados. El doctor Juvenal Urbino lo percibió desde que entró en la casa todavía en penumbras, adonde había acudido de urgencia a ocuparse de un caso que para él había dejado de ser urgente desde hacía muchos años. El refugiado antillano Jeremiah de Saint-Amour, inválido de guerra, fotógrafo de niños y su adversario de ajedrez más compasivo, se había puesto a salvo de los tormentos de la memoria con un sahumerio de cianuro de oro.

Médico de alcurnia y fortuna, Juvenal Urbino gana prestigio al conjurar una epidemia de cólera. Está casado con Fermina Daza, desde hace más de 50 años. Tras descubrir la verdadera identidad del amigo suicida, muere al caerse de un palo de mango cuando trataba de atrapar un loro.

¡UY, CÓMO CAGÓ FUEGO AQUEL CABRÓN!

FERMINA, HE ESPERADO ESTA OCASIÓN DURANTE MÁS DE MEDIO SIGLO PARA REPETIRTE UNA VEZ MÁS EL JURAMENTO DE MI FIDELIDAD ETERNA Y MI AMOR PARA SIEMPRE.

¡LÁRGATE! Y NO TE DEJES VER NUNCA MÁS EN LOS AÑOS QUE TE QUEDEN DE VIDA. QUE ESPERO SEAN MUY POCOS.

Hijo único de una soltera laboriosa, a los 18 años Florentino es asistente de telegrafista, toca el violín y recita poesía sentimental.

La tía Mama es el modelo de la tía Escolástica que en la novela custodia los amores de Florentino y Fermina.

> HÁGAME EL FAVOR DE DEJARME SOLO UN MOMENTO CON LA SEÑORITA, TENGO ALGO IMPORTANTE QUE DECIRLE.

¡ATREVIDO! NO HAY NADA DE ELLA QUE YO NO PUEDA OÍR.

> ENTONCES NO SE LO DIGO, PERO LE ADVIERTO QUE USTED SERÁ LA RESPONSABLE DE LO QUE SUCEDA.

Tras una correspondencia febril, Florentino le propone casamiento. El padre, un inmigrante español que anda en negocios turbios, se opone.

APÁRTESE DE NUESTRO CAMINO.

¿Usted habló con ella?

NADA DE ESO. ESTO ES UN ASUNTO DE HOMBRES Y SE ARREGLA ENTRE HOMBRES.

De todos modos no puedo contestar nada sin saber qué piensa ella. Sería una traición.

NO ME FUERCE A PEGARLE UN TIRO...

¡Péguemelo! No hay mayor gloria que morir por amor.

¡HIJ... E PUTA!

Lleva a la hija en un "viaje del olvido". Pero comete el error de telegrafiar a sus cuñados anunciando la llegada, por lo que Florentino logra averiguar el itinerario completo. Con la complicidad de los telegrafistas mantiene una comunicación intensa con Fermina, desde que llega a Valledupar, hasta el término del viaje en Riohacha, un año y medio después.

Después de rechazar a Florentino, Fermina se casa con el doctor Urbino, el soltero más apetecido que regresaba de una larga estancia en París. Florentino hace un viaje por el río Magdalena que evoca la juventud del autor. Una noche pierde la virginidad de un modo intempestivo...

Mientras Florentino mantiene la soltería pero no el celibato, se dice de Fermina: *"Siempre se sintió viviendo una vida prestada por el esposo: soberana absoluta de un vasto imperio de felicidad edificado por él y sólo para él. Sabía que él la amaba más allá de todo, más que a nadie en el mundo, pero sólo para él: a su santo servicio".* La frase suena a confesión; quizás pensaba en Mercedes al escribirla.

AHORA, ¡VÁYASE Y OLVÍDELO!

EL CÓLERA ESTÁ HACIENDO ESTRAGOS EN LOS PUEBLOS DE LA CIÉNAGA GRANDE.

DEBE SER UNA MODALIDAD ESPECIAL DEL CÓLERA, PORQUE CADA MUERTO TIENE SU TIRO DE GRACIA EN LA NUCA.

144

Todo lo que había hecho Florentino desde el casamiento de Fermina estaba fundado en la esperanza de la noticia de la muerte del esposo. Una carta de ella (llena de improperios), le da la oportunidad de volver a escribirle.

"*Empezó a numerar las cartas y a encabezarlas con un resumen de las anteriores como los folletines en serie de los periódicos.*"

En las cartas Fermina descubre un Florentino nuevo, que le gusta más. Sus reflexiones sobre la vida y la vejez la ayudan a superar la muerte del esposo y a mirar la vida con esperanza. El la visita los martes por la tarde. Cuando su hija le reprocha la relación con Florentino, Fermina estalla:

> *Hace un siglo me cagaron la vida con ese pobre hombre porque éramos demasiado jóvenes, y ahora me lo quieren repetir porque somos demasiado viejos. Que se vayan a la mierda. Si alguna ventaja tenemos las viudas es que ya no nos manda nadie.*

Fermina y Florentino emprenden su viaje de amor en el barco **Nueva Fidelidad**.

"*Habían vivido juntos lo bastante para darse cuenta de que el amor era el amor en cualquier tiempo y en cualquier parte, pero tanto más denso cuanto más cerca de la muerte.*"

La historia tiene un final feliz: la novela concluye con la idea de que el barco fluvial continuará yendo y viniendo, con los amantes a bordo, no sólo por el resto de sus vidas, sino para siempre.

SIGAMOS DERECHO, OTRA VEZ HASTA LA DORADA.

¿Y HASTA CUÁNDO CREE USTED QUE PODAMOS SEGUIR EN ESTE IR Y VENIR DEL CARAJO?

TODA LA VIDA.

LA ESCUELA DE CINE

En 1986 cumple un viejo sueño: la Fundación del Nuevo Cine Latinoamericano que preside. Un lugar para el desarrollo de una cinematografía independiente en la región. A su amigo Fernando Birri lo convoca para armar el organigrama de la Escuela de Cine de San Antonio de los Baños, en Cuba. Se han cruzado treinta años atrás, en Roma, cuando el argentino le presta sus luces para entrar en el mundo del cine italiano. Se hicieron compinches. Hablaban del futuro del cine latinoamericano y soñaban con la posibilidad de llegar a trabajar juntos.

Luego de seis años en la escuela, Birri sostiene:

> SE HIZO EN CUBA, EL PAÍS CON MENOS POSIBILIDADES ECONÓMICAS PERO CON MÁS VOLUNTAD POLÍTICO-CULTURAL.

Cada año García Márquez dirige un taller de guión donde diez jóvenes se sientan alrededor de una mesa para inventar una historia a partir de cero.

> LO QUE MÁS ME IMPORTA EN ESTE MUNDO ES EL PROCESO DE LA CREACIÓN.

¿QUÉ CLASE DE MISTERIO ES ESE QUE HACE QUE EL SIMPLE DESEO DE CONTAR HISTORIAS SE CONVIERTA EN UNA PASIÓN, QUE UN SER HUMANO SEA CAPAZ DE MORIR POR ELLA, MORIR DE HAMBRE, FRÍO, O LO QUE SEA, CON TAL DE HACER UNA COSA QUE NO SE PUEDE VER NI TOCAR, QUE AL FIN Y AL CABO, SI BIEN SE MIRA, NO SIRVE PARA NADA?

En su salsa, Gabo se vuelve un adicto del trabajo en taller. A los mejores alumnos los lleva a México para otro taller, pero profesional. Allí hacen guiones de televisión para venderlos y así conseguir las divisas para la Fundación y la Escuela.

En 1995 se publica la colección "Serie Taller de Cine", dirigida por Gabriel García Márquez. Dos libros reproducen las charlas del escritor con los integrantes su taller de guión en Cuba. En **Cómo se cuenta un cuento**, la propuesta es inventar una historia que pueda ser contada dentro del formato de media hora. Hay en García Márquez un esfuerzo de magisterio, una disposición a transmitir su experiencia en la narrativa. No trata de imponerse. Prefiere el diálogo, el debate, la pregunta o la sugerencia para orientar la producción creativa grupal. Los secretos de la narración, la escritura en el cine y la magia del montaje son algunos de los temas del libro.

Hay que aprender a desechar. Para hacer un buen guión no queda más remedio que tachar y tirar muchos papeles al cesto. Eso el lo que se llama tener sentido autocrítico, el shit-detector de que habla Heminway.

Para escribir uno tiene que estar convencido de que es mejor que Cervantes; si no, uno acaba siendo peor de lo que en realidad es.

No hay nada peor que alargar una historia de manera arbitraria. Si no puedes contar la historia en una cuartilla, seguro que le sobra o le falta algo.

CONSEJOS PARA ESCRITORES

Hay que tener buen criterio y valor para tachar y para oír opiniones y reflexionar sobre ellas. Un paso más y ya estamos en condiciones de poner en duda y someter a prueba incluso lo que nos parece bueno. Aunque a todos le parezca bueno, uno debe ser capaz de ponerlo en duda. No es fácil. Pero uno se da cuenta de que no funciona dentro de la historia, está desajustando la estructura, contradice el carácter del personaje, va por otro camino—....hay que romperlo, aunque nos duele en el alma...el primer día.

Cuando uno tiene una historia entre manos, no puede dejarse arrastrar por ideas que la contradigan: defendemos nuestras historias o cedemos a la tentación de convertirlas en historias distintas.

Hay que tener fe en cualquier imagen original que le diga algo a uno; si dice algo, casi siempre es porque encierra algo.

Uno no debe escribir sobre lo que no conoce o no siente como algo personal.

Hay que conocer cuáles son los límites de lo verosímil, que son más amplios de lo que uno se imagina. Es como jugar al ajedrez. Uno establece con el espectador —o el lector— las reglas del juego. Desde que éstas se aceptan, pasan a ser inviolables; si uno trata de cambiarlas en el camino, el otro no lo acepta. La clave está en la gran jugada, la historia misma. Si te la creen, estás salvado; puedes seguir jugando sin problema.

Dentro del relato hay que establecer categorías, como en el boxeo. Uno siempre debe trabajar sus proyectos como si fueran pesos pesados, como si todos tuvieran que tener la pegada de los pesos pesados.

La inventiva de la realidad no tiene límites. En cambio, las situaciones dramáticas se agotan rápidamente; no hay sino tres grandes situaciones dramáticas: la Vida, el Amor y la Muerte. Todas las demás, caben aquí.

CONSEJOS PARA ESCRITORES

Cuando salgan del taller, olvídense de todo; no vuelvan a pensar en el trabajo hasta el día siguiente. Si uno sigue dándole vueltas al asunto en la cabeza, se cansa, se aburre y siente que la historia se le empantana y que ya no sabe cómo seguir.

No hay verdadera creación sin riesgo y, por lo tanto, sin una cuota de incertidumbre. Yo nunca vuelvo a leer mis libros después de que se editan, por temor a encontrarles defectos que pueden haber pasado inadvertidos. Cuando veo la cantidad de ejemplares que se venden y las lindezas que dicen los críticos, me aterra descubrir que están dos equivocados —críticos y lectores— y que el libro, en realidad es una mierda. Es más —lo digo sin falsa modestia—, cuando me enteré de que me habían dado el premio Nobel, mi primera reacción fue pensar: "¡Coño, se lo creyeron! ¡Se tragaron el cuento!". Esa dosis de inseguridad es terrible, pero, al mismo tiempo, necesaria para algo que valga la pena. Los arrogantes que lo saben todo, que nunca tienen dudas, se dan unos frentazos, mueren de eso.

148

Me *alquilo para soñar* recoge las dieciseis "sesiones creativas" del proceso de elaboración y el capítulo final del guión escrito. Con la colaboración del cineasta brasileño Doc Comparato los talleristas deben convertir en guión la historia de una mujer que llega a una casa, ofrece sus servicios de soñadora y elimina a los miembros de la familia. Antes de ser guión, "Me alquilo para soñar" fue nota periodística (reproducida en Notas de Prensa 1980-1984) y uno de los Doce cuentos peregrinos, 1992. Hay un interesante contrapunto entre Gabo y Doc.

YO TENGO DUDAS SOBRE LA IDENTIDAD DE ALMA. ELLA PUEDE SER MUY PARECIDA A LA QUE MURIÓ EN EL TERREMOTO. PUEDE SER, PERO NO LO ES.

ALMA PUDO MORIR EN EL TERREMOTO Y SEGUIR JODIENDO.

PERO ÉSA NO ES SU IDENTIDAD.

PARA MÍ LO ES. SI QUIERES, EL DETECTIVE DESCUBRE QUE HAY 17 CON LA MISMA IDENTIDAD Y QUE MURIERON EN EL TERREMOTO DEL 57.

ASÍ ME GUSTA.

¡ES QUE SI ES UNA MUERTA VIVA.

TÚ NO ACEPTAS UN MILAGRO, PERO SI ACEPTAS 17.

SÍ, PERO SI MURIÓ Y SE LLAMA ALMA, PUEDE LEVITAR, ANDAR ENTRE LAS PAREDES, Y SU PELEA CON AMPARO NO SERÁ VERDADERA.

¡NO ES UNA MUERTA VIVA! ESO LO HAS INVENTADO TÚ. ES ELLA.

LA GENTE SÓLO MUERE PARA SIEMPRE EN LA VIDA REAL. EN LA LITERATURA UNO PUEDE HACER LO QUE LE DA LA GANA. SI PARA ESO SE INVENTÓ, PARA UNO PODER DESAHOGAR TODOS SUS DESEOS.

ES VERDAD... PERO, GABO, ES UN GUIÓN...

ESOS SON LÍMITES RACIONALISTAS QUE ME ATERRORIZAN, PORQUE ENTONCES NO PODEMOS HACER NADA. ¡NI SIQUIERA LO DE LOS SUEÑOS!

149

Movido por el recuerdo de sus viajes de juventud, García Márquez quería escribir la historia del río Magdalena. El mejor pretexto para contarla fue el camino a la muerte de Simón Bolívar. *El General en su laberinto* (1989) está sacado de una frase:

"Al cabo de un largo y penoso viaje por el río Magdalena, murió en Santa Marta abandonado por sus amigos".

VAMONÓS, VOLANDO, QUE AQUÍ NO NOS QUIERE NADIE.

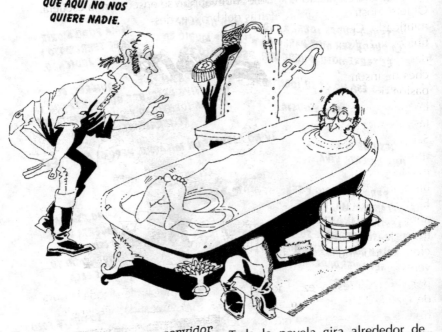

"José Palacios, su servidor más antiguo, lo encontró flotando en las aguas depurativas de la bañera, desnudo y con los ojos abiertos, y creyó que se había ahogado".

Toda la novela gira alrededor de esa frase. Intenta completar un episodio que los historiadores nunca desarrollaron. *"Ahí está todo el secreto del desastre que está viviendo el país"*, dice.

Al estudiar la iconografía de Bolívar (a medida que iba ganando batallas, en sus retratos lo iban blanqueando hasta parecer romano) no puede concebir que esa fuera la imagen del Libertador. La clave se la da una frase del Bolívar joven: *"Moriré pobre y desnudo"*. El libro se estructura a partir de esa imagen de desnudez, *"cuando la gloria le ha salido del cuerpo"*. Con 47 años, Bolívar se embarca en su destino final, luego de haber renunciado a la presidencia.

¡BOLÍVAR ERA MUY CARIBE!

¿CREE QUE LA IMAGEN DEL LIBRO ES IRREVERENTE?

ES UNA IMAGEN PAGANA.

A medida que se hunde en el personaje, se da cuenta de que no tiene nada que ver con el Bolívar que se enseña en la escuela. Quiere mostrar al hombre detrás del bronce, des-

mitificarlo. Como un caribe típico, su Bolívar suele andar desnudo en sus noches de insomnio, siente pasión por el baile y por las mujeres. Entre tantas, destaca Manuela Sánchez, la aguerrida quiteña con quien mantuvo ocho años de amores ardientes. El libro le lleva dos años de máquina y tres de investigación. Escribe nueve versiones, revisadas

por historiadores venezolanos. El general... demuestra que toda la obra de García Márquez corresponde a una misma realidad geográfica e histórica. El mismo libro que da vueltas y vueltas, y sigue.

ESO ES LO QUE YO QUERÍA.

NO ES EL REALISMO MÁGICO Y TODAS ESAS COSAS QUE SE DICEN.

El viaje era la parte menos documentada de la vida de Bolívar. Retrata al general absorto en la magia del río, moribundo y en derrota, pero con la dignidad entera. Aunque la novela le da libertad de invención, no hay un solo dato histórico que no esté confirmado. La escribe como si fuera una crónica de época.

Bolívar no renuncia jamás a su ideal de unidad latinoamericana. En Cartagena, está dispuesto a empezar otra vez desde el principio, sabiendo que el enemigo está adentro y no fuera de la propia casa. *"Las oligarquías de cada país, que en la Nueva Granada estaban representadas por los santanderistas, y por el mismo Santander, habían declarado la guerra a muerte contra la idea de la integridad, porque era contraria a los privilegios locales de las grandes familias. ëEsa es la causa real y única de esta guerra de dispersión que nos está matando, dijo el general."*

Bolívar era él y su contrario. Todas sus contradicciones son ciertas, pero circunstanciales.

> TODO LO HE HECHO CON LA SOLA MIRA DE QUE ESTE CONTINENTE SEA UN PAÍS INDEPENDIENTE Y ÚNICO, Y EN ESO NO HE TENIDO NI UNA CONTRADICCIÓN NI UNA SOLA DUDA. ¡LO DEMÁS SON PINGADAS!

El general... es otra vez *El coronel no tiene quien le escriba*, pero con base histórica. Los personajes se parecen mucho. Al abandono, el deterioro, la soledad, oponen su ilusión. En ambos, la grandeza moral es tan importante como su estreñimiento crónico. El dato basta para definir su carácter.

EL MUNDO ESTÁ DIVIDIDO ENTRE LOS QUE CAGAN BIEN Y LOS QUE CAGAN MAL.

De manera inevitable, el escritor se proyecta en sus personajes. Sobre todo, en el protagonista. Gabo se identifica con el héroe en que la idea de la muerte no lo distraiga de lo que está haciendo en la vida. Le presta la cólera que Bolívar controla tan bien como él. Y explora su relación con las mujeres. Dice con Bolívar:

El 10 de diciembre de 1930 el general amanece tan mal que llaman de urgencia al obispo. Luego de una confesión breve y a puertas cerradas, el obispo sale de prisa y descompuesto, se va sin despedirse y no oficia los funerales ni asiste al entierro. El general habla con el médico Réverend.

ENAMORARSE ES COMO TENER DOS ALMAS AL MISMO TIEMPO.

NO ME IMAGINÉ QUE ESA VAINA FUERA TAN GRAVE COMO PARA PENSAR EN LOS SANTOS ÓLEOS. NO TENGO LA FELICIDAD DE CREER EN LA VIDA DEL OTRO MUNDO.

EL ARREGLO DE LOS ASUNTOS DE LA CONCIENCIA LE INFUNDE AL ENFERMO UN ESTADO DE ÁNIMO QUE FACILITA MUCHO LA TAREA DEL MÉDICO.

¡CARAJOS! ¡CÓMO VOY A SALIR DE ESTE LABERINTO!

"EL GENERAL" FUE ESCRITO CONTRA EL CULTO SACRALIZADO DE BOLÍVAR. ESO NO ES MÁS QUE UN SENTIMIENTO DE CULPA DE LOS QUE LO TRATARON COMO UN PERRO. YO SIGO CREYENDO QUE BOLÍVAR, APALEADO Y JODIDO, ES MUCHO MÁS GRANDE QUE LA IMAGEN QUE NOS TRATARON DE VENDER.

Reciclando historias

García Márquez no diferencia sus actividades en la literatura, el periodismo o el cine. Con ellas cuenta historias de la gente. Sólo se siente bien cuando trabaja. Entonces hasta su úlcera desaparece.

UN ESCRITOR DEBE ESCRIBIR SIEMPRE.

En el prólogo de **Doce cuentos peregrinos** (1992) refiere el origen de estas historias: *"una colección de cuentos cortos, basados en hechos periodísticos pero redimidos de su condición mortal por las astucias de la poesía"*. Pasó dieciocho años escribiendo, perdiendo y volviendo a escribirlos.

ANTES DE SU FORMA ACTUAL, CINCO DE ELLOS FUERON NOTAS PERIODÍSTICAS Y GUIONES DE CINE, Y UNO FUE UN SERIAL DE TELEVISIÓN. HA SIDO UNA RARA EXPERIENCIA CREATIVA QUE MERECE SER EXPLICADA, AUNQUE SEA PARA QUE LOS NIÑOS QUE QUIEREN SER ESCRITORES SEPAN DESDE AHORA QUÉ INSACIABLE Y ABRASIVO ES EL VICIO DE ESCRIBIR.

Al empezar **Crónica...** comprobó que en las pausas entre libros perdía el hábito de escribir y que cada vez le resultaba más difícil retomarlo. Por eso, de 1980 a 1984, se impuso la tarea de escribir una nota semanal en diarios de diversos países, como disciplina para mantener el brazo caliente (lo que le reditúa sumas comparables a las que ganan futbolistas y boxeadores famosos). Una selección aparece en su libro **Notas de prensa**, de 1991.

LOS EDITORES DEBEN PAGARME HASTA EL ÚLTIMO CENTAVO QUE ME NEGARON CUANDO ERA JOVEN.

Son memorias noveladas de su periplo por Europa, crónicas de las cosas raras que allí le suceden a los latinoamericanos. Antes de editarlas, vuelve a los principales escenarios: Barcelona, Ginebra, Roma y París.

NINGUNA TENÍA YA NADA QUE VER CON MIS RECUERDOS. TODAS ESTABAN ENRARECIDAS POR UNA INVERSIÓN ASOMBROSA: LOS RECUERDOS REALES PARECÍAN FANTASMAS DE LA MEMORIA, MIENTRAS LOS RECUERDOS FALSOS ERAN TAN CONVINCENTES QUE HABÍAN SUPLANTADO A LA REALIDAD. ME ERA IMPOSIBLE DISTINGUIR LA LÍNEA DIVISORIA ENTRE LA DESILUSIÓN Y LA NOSTALGIA. HABÍA ENCONTRADO LO QUE ME HACÍA FALTA PARA TERMINAR EL LIBRO: UNA PERSPECTIVA EN EL TIEMPO.

Vuelve a escribir todos los cuentos.

EN OCHO MESES FEBRILES NO NECESITÉ PREGUNTARME DÓNDE TERMINABA LA VIDA Y DÓNDE EMPEZABA LA IMAGINACIÓN, PORQUE ME AYUDABA LA SOSPECHA DE QUE QUIZÁS NO FUERA CIERTO NADA DE LO VIVIDO VEINTE AÑOS ANTES EN EUROPA.

ANOCHE SOÑÉ CONTIGO. DEBES IRTE ENSEGUIDA Y NO VOLVER A VIENA EN LOS PRÓXIMOS CINCO AÑOS.

Con sus supersticiones caribes a cuestas, no vuelve jamás. Otro cuento recrea una situación vivida en Cadaqués, donde solía veranear, hasta que tuvo un mal presagio. Al soplar la tramontana, un viento terrible que pone los nervios de punta, tuvo la impresión de que si salía vivo de allí, nunca regresaría.

SI VUELVO ME MUERO.

En la nota liminar revela particularidades del cuento.

✓ El esfuerzo de escribir un cuento corto es tan intenso como empezar una novela.

✓ En el primer párrafo de una novela hay que definir todo: estructura, tono, estilo, ritmo, longitud, y a veces hasta el carácter de algún personaje. Lo demás es el placer de escribir, el más íntimo y solitario que existe, y si uno no se queda corrigiendo el libro por el resto de la vida es porque el mismo rigor de fierro que hace falta para empezarlo se impone para terminarlo.

✓ El cuento, en cambio, no tiene principio ni fin: fragua o no fragua. Y si no fragua, la experiencia enseña que en la mayoría de las veces es más saludable empezarlo de nuevo por otro camino, o tirarlo a la basura.

✓ Toda versión de un cuento es mejor que la anterior. ¿Cómo saber cuál será la última? Es un secreto del oficio que obedece a la magia de los instintos, como sabe la cocinera cuando está la sopa.

Hablando de magia, *Cien años de soledad* jamás se convertirá en película. A pesar de las enormes sumas de dinero ofrecidas —la última de dos millones de dólares— la idea le produce espanto. La mágica dialéctica de la palabra escrita no se verá en pantalla. Gabo se ha dado cuenta de las limitaciones del cine, que no existen en la literatura. Sabe que la tarea del novelista es el trabajo más libre que existe.

> DESEO QUE LOS LECTORES SIGAN IMAGINANDO LOS PERSONAJES TAL COMO LOS VISUALIZAN. EN EL CINE LA IMAGEN ES TAN DEFINIDA QUE EL ESPECTADOR NO PUEDE IMAGINAR EL PERSONAJE COMO QUIERE, SINO SÓLO COMO SE LO IMPONE LA PANTALLA.

Luis Buñuel solía decir:

DE UN GRAN ESCRITOR HAY QUE ELEGIR UNA OBRA MENOR, POCO CONOCIDA, Y AGREGAR LO QUE NO PUSO EL NARRADOR, ENRIQUECER EL TEXTO. UNA OBRA MAESTRA DIFÍCILMENTE LO ADMITA. LA ÚNICA POSIBILIDAD ES EMPEORARLA.

Mientras piensa su próxima novela, trabaja en tres seriales de TV y otros tantos largometrajes. También intenta escribir sus memorias.

NO SÉ SI VAN A DEFRAUDAR. POR AHÍ SE ESPERA QUE CUENTE SECRETOS POLÍTICOS Y MILITARES DE MIS AMIGOS PRESIDENTES, DE FIDEL CASTRO. ¡PERO SI CON FIDEL NOS LAS PASAMOS HABLANDO DE LIBROS Y DE COMIDAS!

¡AY, FIDEL, QUE ESO NO LLEVA PICANTE

MERCEDES: TODO LLEVA PICANTE.

Contará cómo se formó él sólo como escritor. De su deseo de vivir muchas vidas. De la infancia, el periodismo, los amigos, sus años en Europa...

NO TENGO POR QUÉ CONTAR NADA DE MI VIDA PRIVADA. EN ESO SIENTO UN GRAN PUDOR. NO PODRÉ EVITAR QUE OTROS CUENTEN LA PARTE QUE HE TENIDO EN LA SUYA. Y LA VAN A CONTAR, NO SÓLO OTROS, SINO OTRAS...

No hay como leer sus libros para conocer su intimidad. Ahí está todo. A él le fastidian las explicaciones.

Del amor y otros demonios (1994) narra el romance entre una marquesita criolla de doce años y un cura de treinta, con demasiadas lecturas sobre el infierno. El estilo, el lenguaje y los personajes recuerdan a **Cien años de soledad.** Gabo adora las simetrías. De un lado, está Sierva María, hija de un marqués y una mestiza que se metió en su cama. Abandonada por sus padres y criada en la barraca de los esclavos, la niña encarna el mundo pagano de lenguas y deidades africanas. Del otro, Cayetano Delaura, teólogo al servicio del obispo, pertenece al blanco y católico universo de los colonizadores europeos.

La fuerza de la novela reside en la voluntad del autor de potenciar el efecto de esos polos opuestos.

En el prólogo García Márquez inventa un origen para su historia.

Es como un espejo

¿HASTA POR LOS DEMONIOS?

Así son...

Dice que en 1949 fue enviado al antiguo convento de Santa Clara de Cartagena, donde vaciaban las criptas funerarias, a la pesca de una noticia. Allí *"encontró"* a la protagonista de la novela, al descubrirse los restos de una niña con una cabellera de 22 metros y once centímetros de largo, cuya lápida indicaba el nombre de Sierva María de Todos los Angeles.

EL PRÓLOGO ES LO ÚNICO QUE ES FICCIÓN ABSOLUTA EN LA NOVELA. LO DEMÁS ES LA CRUDA REALIDAD

LA MARQUESITA PRODIGIOSA A LA QUE MI HERMANO HACE REFERENCIA NUNCA EXISTIÓ, NI SIQUIERA EN LAS FANTASÍAS LOCAS DE LA ABUELA TRANQUILINA.

PODRÍA SER UNA VARIANTE DE LA MARQUESITA DE LA SIERPE, UNA LEYENDA QUE PUDO APORTAR LA TÍA MAMA.

El verdadero motivo surgió cuando se documentaba para *El amor en los tiempos del cólera*. Un episodio de la Historia de Cartagena, de Eduardo Lamaitre, contaba un pleito entre capuchinos y clarisas, con una historia de amor de por medio: la de una novicia y el teniente del gobernador. Ambientada en la mítica Cartagena esclavista de finales del siglo XVIII...

"Del amor y otros demonios"

"Un perro cenizo con un lucero en la frente irrumpió en los vericuetos del mercado el primer domingo de diciembre, revolcó las mesas de fritangas, desbarató tenderetes de indios y toldos de lotería, y de paso mordió a cua-

tro personas que se le atravesaron en el camino. Tres eran esclavos negros. La otra fue Sierva María de Todos los Ángeles, hija única del marqués de Casalduero, que había ido con una sirvienta a comprar una ristra de cascabeles para la fiesta de sus doce años.

En el puerto negrero remataban un cargamento de esclavos.

EL PRECIO QUE EL GOBERNADOR PAGÓ POR ELLA, SIN REGATEOS Y DE CONTADO, FUE EL DE SU PESO EN ORO.

SI ES TAN BELLA COMO DICEN PUEDE SER ABISINIA. PERO NO HAY MUJER NI NEGRA NI BLANCA QUE VALGA SU PESO EN ORO, A NO SER QUE CAGUE DIAMANTES.

La críada comenta con Bernarda, madre de Sierva, el escándalo del puerto. Bernarda había sido una astuta comerciante de esclavos, hasta que *"se borró del mundo por el abuso de la miel fermentada y las tabletas de cacao".*

159

Al oír los petardos, Bernarda sale al huerto de naranjos. La fiesta es en el patio de los esclavos, en honor de Sierva María.

"Bailaba con más gracia y más brío que los africanos, cantaba con voces distintas de la suya en las diversas lenguas de Africa, o con voces de pájaros y animales. En aquel mundo opresivo en el que nadie era libre, Sierva María lo era: sólo ella y sólo allí. En su verdadera casa y con su verdadera familia."

Cuando el marqués se entera de que Sierva ha sido mordida por un perro rabioso, visita en el hospital a un esclavo arriabado el mismo día. A la vuelta, encuentra a Abrenuncio (el tercer personaje con brillo propio), el médico más notable y controvertido de la ciudad. *"Un judío portugués con la especialidad terrorífica de predecir a los enfermos el día y la hora de su muerte"*. El marqués pide que visite a su hija. Abrenuncio dice que la niña sabía que el perro tenía el mal de rabia.

Me lo dijo su corazón

El marqués comenta las ingeniosas mentiras que la hija le dice a los blancos.

"QUIZÁS SEA POETA."

"CUANTO MÁS TRANSPARENTE ES LA ESCRITURA MÁS SE VE LA POESÍA."

Era como una ranita enjaulada.

El marqués acude a otros médicos y hechiceros. Hasta los más audaces abandonan a la niña, convencidos de que está loca, o poseída por el demonio. El obispo propone internarla en el convento de Santa Clara por *"síntomas inequívocos de posesión demoníaca"*. Como exorcista nombra a Cayetano Delaura, que tiene un sueño premonitorio.

> *"LA NIÑA LLEVABA MUCHOS AÑOS FRENTE A AQUELLA VENTANA INFINITA TRATANDO DE TERMINAR EL RACIMO, Y NO TENÍA PRISA, PORQUE SABÍA QUE EN LA ÚLTIMA UVA ESTABA LA MUERTE".*

Lejos de encontrarla poseída, Cayetano descubre en ella su propia "enfermedad". La visita todas las tardes, mejora las condiciones de su cautiverio y le lleva dulces. Cayetano recita versos de Garcilaso de la Vega, tal como hacía Gabito en el colegio: *"Para mí la literatura es la poesía"*.

Un día, Sierva le cuenta que conoció la nieve en un sueño, el mismo que él había tenido. Se disgusta cuando Cayetano le dice que su padre quiere visitarla. Al tratar de zafarle una correa, el cura asiste *"al espectáculo pavoroso de una verdadera energúmena"*.

¡SAL DE AHÍ, QUIENQUIERA QUE SEAS, BESTIA DE LOS INFIERNOS!

Cayetano huye. Se encierra en la biblioteca a rezar y llorar: *"Abrió la maletita de Sierva y puso las cosas sobre la mesa. Las conoció, las olió con un deseo ávido del cuerpo, las amó, y habló con ellas en hexámetros obscenos, hasta que no pudo más."*

"EMPEZÓ A FLAGELARSE CON UN ODIO INSACIABLE QUE NO HABÍA DE DARLE TREGUA HASTA EXTIRPAR EN SUS ENTRAÑAS HASTA EL ÚLTIMO VESTIGIO DE SIERVA MARÍA".

ES EL DEMONIO, PADRE MÍO. EL MÁS TERRIBLE DE TODOS.

SERVIRÁS DE ENFERMERO DE LEPROSOS.

Luego de escuchar su confesión, el obispo lo manda a servir de enfermero de leprosos en el hospital. Loco de amor por Sierva María, por las noches, Cayetano vuelve al convento por un túnel secreto y le declara su amor a Sierva María.

"EN FIN A VUESTRAS MANOS HE VENIDO. DO SÉ QUE HE DE MORIR".

Para que sólo en mí fuese probado
cuánto corta una espada en un rendido.

En noches sucesivas, *"se agotaban a besos, declamaban llorando a lágrima viva versos de enamorados, se cantaban al oído, se revolcaban en cenegales de deseo hasta el límite de sus fuerzas: exhaustos pero vírgenes".* Luego de una fuga, el túnel es tapiado. Sierva nunca se entera por qué Cayetano no vuelve a su celda. A disposición del Santo Oficio, el cura es condenado al hospital, *"donde vive muchos años en contubernio con sus enfermos, sin conseguir su anhelo de contraer la lepra".* Luego de varias sesiones de exorcismo, Sierva vuelve a soñar con el campo nevado y las uvas. Esta vez las arranca de a dos, con ansias de ganarle al racimo hasta la última uva.

"La guardiana que entró a prepararla para la sexta sesión de exorcismos la encontró muerta de amor en la cama con los ojos radiantes y la piel de recién nacida. Los troncos de los cabellos le brotaban como burbujas en el cráneo rapado, y se les veía crecer.

LA CARPINTERÍA LITERARIA

García Márquez tiene la costumbre de tirar todas sus notas y documentación —y destruye todos los borradores de sus libros— para que no queden vestigios. Esa es la parte más íntima de su vida privada.

Por primera vez, le regala a su mujer las once versiones de **Del amor y otros demonios**. Una página de esos borradores muestra su obsesión por alcanzar la perfección de estilo.

> **ESCRIBIR ES HACER CARPINTERÍA.**

Protege mucho su relación con el misterio: *"si un crítico leyera esos borradores sabría las mentiras que he contado y las cosas que me he inventado, y no quiero que me conozcan de ese modo".* Además ahora valen más los originales corregidos de su puño y letra que la obra en sí.

> **ME DOLERÍA MUCHO TERMINAR GANÁNDOME LA VIDA CON EJEMPLARES DE MI CALIGRAFÍA EN LUGAR DE CON LIBROS.**

Desde que a finales de los setenta un amigo vendió sus cartas personales a una universidad norteamericana, dejó de escribirlas. Para hablar con sus amigos usa el teléfono, a un costo demencial. Es meticuloso y supersticioso. Tiene una regla absoluta: dondequiera que esté escribe una página todos los días. Y siempre hace dos copias: una en papel y otra en disquette.

HASTA QUE NO LO VEO EN UNA HOJA NO LO CREO...

A las cinco de la mañana, revisa en la cama las hojas que dejó en la mesa de luz. Salvo cuando debe tomar un avión. Entonces deja que se le acumule el trabajo de varios días. Mantenerse ocupado durante el vuelo es un mecanismo eficaz para distraerse de su congénito miedo de volar.

> EL PRINCIPIO QUE ME HE FIJADO COMO ESCRITOR ES LA AUTO-CRÍTICA. LA REVISIÓN ME DA MUCHO PLACER

La escritura en sí le resulta bastante fácil. *"Cuando me siento a escribir la primera frase, tengo la historia completa en la cabeza. También necesito saber los nombres de todos los personajes antes de comenzar. Después de eso, todo fluye sin bloqueos"*, dice. Las estanterías de su estudio están llenas de diccionarios. Cuando necesita matar a un personaje y no sabe cómo, tiene a mano instrucciones detalladas para el crimen perfecto.

UN NOVELISTA DEBE TENER CONOCIMIENTOS EN MUCHOS CAMPOS.

Cuando llega al final y tiene la estructura narrativa resuelta, sigue puliendo el texto. *"Voy alternando: a veces trabajo en el ritmo, otras en el lenguaje. Al mismo tiempo debo despejar todas las dudas gramaticales que tenga."* Aunque dice que ahora es *"un poco menos obsesivo"*, apunta a una perfección de estructura (cada capítulo debe tener la misma cantidad de páginas), de lenguaje (no soporta utilizar dos veces el mismo adjetivo en un libro) e intesidad.

EL MEJOR OFICIO DEL MUNDO

Lo que más añora del periodismo es no poder hacerlo. El quisiera averiguarlo todo, pero enseguida se convierte en noticia. Cierto anonimato es bueno para el oficio de periodista y eso para él es imposible.

> **GABO NO QUIERE SER NOTICIA, SINO SALIR A BUSCARLA.**

Poco después, en Nueva York...

> **NO TENGO DERECHO A NO EXPLICAR LO QUE HE APRENDIDO EN YA CASI TODA UNA VIDA.**

Tomas Eloy Martínez acepta reunirse con Gabo un mes después, sin saber con qué se va a encontrar cuando su avión aterrice en Cartagena de Indias, el domingo 3 de octubre de 1994. Gabo lo recibe al pie del avión.

QUIERO QUE FUNDEMOS JUNTOS UN TALLER DE PERIODISMO.

¡YA TENGO TODOS LOS DETALLES!

¡CUÉNTALE, GABITO, CÓMO FUI YO EL QUE LE LLEVÓ SIEMPRE LAS MALETAS AL CAPITÁN SAMARITANO!

Martínez tarda en caer en la cuenta de que alude al capitán del vapor "Nueva Fidelidad" de *El amor en los tiempos del cólera*. En Colombia Gabo es algo así como un tesoro nacional.

aminar con él por las calles de la ciudad amurallada, una de las más bellas del mundo, es casi imposible. Cada vez que vuelve al país, una discreta custodia lo sigue a todos partes.

LO QUE NO SABÍA ES QUE LE HABLAN DE SUS PERSONAJES COMO SI ESTUVIERAN VIVOS, Y LE PREGUNTAN POR EL ÚLTIMO MILAGRO DE BLACAMÁN Y POR LA SUERTE DE LOS HIJOS DE PONCHO LANAO, UN PERSONAJE FUGAZ DE "CRÓNICA DE UNA MUERTE ANUNCIADA"

La Fundación para el Nuevo Periodismo Iberoamericano cuenta con el patrocinio de la UNESCO y de quince diarios de América latina, España y Estados Unidos. Entre los profesores célebres estarán Guy Talese, Claudio Magris, Robert Darnton y Norman Mailer, con un elenco rotativo de colegas especializados en distintas facetas de la profesión. La idea es transmitir experiencias a la vieja usanza.

Desde su creación en 1995, la "escuela sin muros" convoca a periodistas jóvenes a talleres, seminarios y cursos sobre temas que las escuelas de periodismo y las redacciones suelen omitir. En sus talleres de narrativa, Gabo suele arrancar con alguna ironía, como para romper el hielo.

TENGO UN TÍTULO CON EL CUAL TENDRÉ QUE HACER ALGO, PORQUE ES EXCELENTE, PERO SI LO DIGO USTEDES LO VAN A PUBLICAR...

DÍGALO, MAESTRO.

PENE CAUTIVO.

Entre la catarata de anécdotas, habrá tiempo para transmitir secretos de lo que él llama *"el mejor oficio del mundo"*.

EL REPORTAJE ES EL ÚLTIMO ELEMENTO DE COMPETICIÓN DE LA PRENSA CONTRA LA RADIO Y LA TELEVISIÓN.

LA TV TENDRÁ LAS MEJORES IMÁGENES, PERO TÚ TENDRÁS LOS OLORES Y LOS SENTIMIENTOS DE LO QUE OCURRIÓ.

NUNCA, NI UN SOLO MINUTO, HE DEJADO DE SER PERIODISTA.

✓ El reportaje es el cuento de lo pasó, un género literario asignado al periodismo para el que se necesita ser un narrador esclavizado a la realidad.

✓ En el oficio de reportero se puede decir lo que se quiera con dos condiciones: que se haga de forma creíble y que el periodista sepa en su conciencia que lo que escribe es verdad.

✓ El periodismo es mecánica, hay tuercas y tornillos, pero se aprende. Hay que tener orgullo de oficio.

✓ Uno ha de creerse lo que hace. El aburrimiento del reportero es el aburrimiento del lector.

✓ Hay atentados éticos que obedecen a una noción intrépida del oficio, fundamentada en la sacralización de la primicia a cualquier precio. No los conmueve la realidad de que la mejor noticia no es siempre la que se da primero, sino la que se da mejor.

✓ El primer deber del periodista es desconfiar de la fuente. Muchas veces —y sin quererlo— uno podrá convertirse en instrumento.

✓ Hoy las salas de redacción suelen ser laboratorios para navegantes solitarios, donde parece más fácil comunicarse con los fenómenos siderales que con el corazón de los lectores. La deshumanización es galopante.

MÁS CONSEJOS

✓ Cómo empezar? Piensa en la anécdota que más te impresionó y escríbela. Cuesta, pero siempre sale.

✓ Una buena nota es como una salchicha. Tienes que anudarla al final para después poner todo adentro y que no se te caiga nada. Será una buena nota si sabes adónde vas antes de sentarte a escribir.

✓ En la nota hay que dar a conocer el hecho como si el lector hubiera estado allí. Da igual que la noticia se haya olvidado, porque cuando el lector se encuentre con el final de la historia se acordará del principio.

✓ El final es tan importante como el comienzo. Si lograste que el lector llegue hasta el último párrafo habrás ganado buena parte de la batalla. Pero si no tienes remate el lector dirá: ¿Y leí hasta aquí para encontrarme con esto?

No admite grabadores en las aulas. Gabo les escapa tanto como al rigor de una entrevista.

NO ENTIENDO A LOS QUE VIENEN CON UN CUESTIONARIO ARMADO. CUANDO LO MEJOR ES CONVERSAR COMO AMIGOS. ASÍ SE ESCUCHAN LOS LATIDOS DEL CORAZÓN.

✓ El lector se escapará al menor descuido, si no le contamos todo el tiempo algo que le sucedió a la gente.

✓ El periodismo es una trampa. Quien entra en él de verdad no podrá salir jamás.

✓ Para ser periodista hay que tener vocación, y la vocación es la única condición humana que alguna vez ha logrado derrotar al amor.

En sus *Notas de Prensa*, resume sus objeciones al género:

"Cuando se tiene que conceder un promedio de una entrevista mensual durante doce años, uno termina por desarrollar otra clase de imaginación especial para que todas no sean la misma entrevista repetida. (...) La entrevista abandonó hace mucho tiempo los predios rigurosos del periodismo para internarse con patente de corso en los manglares de la ficción.

Para ilustrar el problema del lenguaje en el reportaje lee el capítulo de *Noticia de un secuestro*, que describe el hallazgo del cadáver de Marina Montoya, hermana del secretario de Presidencia de Colombia.

"Al amanecer del día siguiente, jueves 24, el cadáver de Marina Montoya fue encontrado en un terreno baldío al norte de Bogotá. Estaba casi sentada en la hierba todavía húmeda por una llovizna temprana, recostada contra la cerca de alambre de púas y con los brazos extendidos en cruz. El juez 78 de instrucción criminal que hizo el levantamiento la describió como una mujer de unos sesenta años, con abundante cabello plateado, vestida con una sudadera rosada y medias marrones de hombre. Debajo de la sudadera tenía un escapulario con una cruz de plástico. Alguien que había llegado antes que la justicia le había robado los zapatos..."

En sus talleres hay tiempo para el baile y la vaina. Alguien pregunta por qué vuelve a Colombia si vive en peligro.

> **UNO LLEGA AL AEROPUERTO TENEBROSO DE BOGOTÁ Y SE PROMETE QUE SERÁ LA ÚLTIMA VEZ. PERO A LA NOCHE SE REÚNE CON AMIGOS. Y EL PRIMER TRAGO TRAE CIERTA PAZ. AL SEGUNDO, UNO CREE QUE NO TODO ESTÁ TAN MAL. Y A LA TERCERA COPA MIS AMIGOS, COLOMBIA ES UNO DE LOS MEJORES PAÍSES DEL MUNDO.**

¿Por qué no regresa a la Argentina?

HASTA QUE MENEM NO SE VAYA...

También ha dicho que le falta el tiempo para "volver en serio" a Buenos Aires y que teme destrozar el recuerdo de *"los únicos quince días perfectos de mi vida"*. El rumor dice que él cree que morirá allí. El último día del taller...

EL GRAN RIESGO EN LATINOAMÉRICA ES ESTAR VIVO.

NO SE OLVIDEN DE CABEZAS

Mientras envía a finales de 1995 las pruebas de **Noticia de un secuestro**, un reportaje ejemplar del drama cotidiano de los colombianos, recibe un llamado. En la casa de sus sueños que se construyó en la ciudad amurallada, al lado del convento de Santa Clara, habla con Alberto Villamizar, esposo de Maruja Pachón, una de las protagonistas del libro. Hablan de otro secuestro, el de Juan Carlos Gaviria, hermano del ex presidente. Los secuestradores han enviado una carta a los medios: quieren que Gabo ocupe el lugar del actual mandatario, Ernesto Samper.

Un mensaje similar había enviado antes al subcomandante Marcos, líder de los zapatistas y gran admirador suyo:

"Nadie puede esperar que asuma la irresponsabilidad de ser el peor presidente de la República." Envía un consejo contundente a los captores: "Liberen a Gaviria, entierren las armas, quítense las máscaras y salgan a promover sus ideas de renovación al amparo de un orden constitucional."

Para García Márquez el gran problema de Latinoamérica es la falta de identidad. Con una excepción, Cuba. Su apoyo a la revolución cubana —y a Fidel— es incondicional. Decenas de veces utilizó su voz y su influencia para tratar de destrabar el bloqueo a Cuba, en otras ocasiones aprovechó su amistad con Fidel para que salieran de la isla presos políticos del régimen.

SI NO FUERA POR CUBA, LOS ESTADOS UNIDOS YA ESTARÍAN EN LA PATAGONIA.

Noticia le lleva tres años. En once capítulos y un epílogo de extensiones idénticas narra los hechos de manera alternada: los impares cuentan lo que pasa entre los secuestrados; los pares, lo que ocurre afuera.

Desde la primera frase, el texto toma al lector por las solapas.

> NO SON COQUETERÍAS JOYCEANAS. LA MEJOR RECETA PARA LAS HISTORIAS ES CONTARLAS EN LÍNEA RECTA. LO QUE ME EXIGE ESA CONSTRUCCIÓN ES EL PROPIO TEMA.

NOTICIA DE UN SECUESTRO

"Antes de entrar en el automóvil miró por encima del hombro para estar segura de que nadie la acechaba. Eran las siete y cinco de la noche en Bogotá. Había oscurecido una hora antes, el Parque Nacional estaba mal iluminado y los árboles sin hojas tenían un perfil fantasmal contra el cielo turbio y triste, pero no había a la vista nada que temer."

En tres años de trabajo participó en cientos de reuniones y entrevistas, descifró 120 cassettes y estudió miles de recortes y documentos. El libro cuenta la historia de nueve secuestros ocho periodistas y la hermana de un político a manos de una banda de narcotraficantes liderada por el zar de la droga Pablo Escobar, entre agosto de 1990 y junio de 1991, para presionar al gobierno de César Gaviria.

> ME IMAGINÉ CÓMO TRANSCURRÍA LA VIDA DE CADA UNO DE LAS VÍCTIMAS DEL SECUESTRO, CÓMO ERA LA VIDA DE LAS FAMILIAS DE LAS VÍCTIMAS, DEMOSTRÉ HASTA QUÉ PUNTO ESTA SITUACIÓN AFECTÓ A TODO EL PAÍS. LOS HECHOS DEL LIBRO SON TAN EXTRAORDINARIOS QUE PARECE MÁS NOVELA QUE TODAS MIS NOVELAS. AHÍ OCURRIERON COSAS INCREÍBLES.

171

En la vida García Márquez hace menos distinción entre realidad y ficción que en sus libros. Su vida tiene todos esos ingredientes fantásticos.

LA GENTE NO SE OBSERVA EN ESE SENTIDO. SU ALREDEDOR SUCEDEN COSAS EXTRAORDINARIAS, PERO NO LAS PERCIBEN. CREO QUE HAY OTRA REALIDAD, O UNA MÁS EXTENSA DE LO QUE UNO SE IMAGINA. NO HAY QUE ANDAR BUSCÁNDOLE A TODO UNA EXPLICACIÓN LÓGICA.

De eso vive. Las conversaciones que hoy tiene con su madre son delirantes. Desde 1992, todos los García Márquez se reúnen a celebrar el Año Nuevo y las ocurrencias de la "niña Luisa", que a los 94 años navega entre el divague y la lucidez implacable.

Al rescate de un pasado que desvela a toda la familia, Gabo inventó "reunión guapo". Cada vez que se juntan, rescatan una historia del arcón para reciclarla entre todos.

Para García Márquez, "el secreto de la longevidad y la felicidad es hacer sólo aquello con lo que uno disfruta". Nunca un Nobel escribió tanto.

HE SIDO CAPAZ DE ESCRIBIR PORQUE MERCEDES LLEVÓ EL MUNDO SOBRE SUS ESPALDAS.

FUERA... FUERA!
OCÚPATE DE TUS COSAS

LO ÚNICO QUE SABES HACER ES ESCRIBIR...

La purga de estilo que fue *NOTICIA DE UN SECUESTRO*, le ha despertado el fuerte deseo de volver a escribir ficciones.

ESTOY ESCRIBIENDO LA NOVELA QUE LOS HARÁ MORIR DE AMOR...

Trabaja en tres libros, que son puro invento. La primera historia parte de "*Las bellas dormidas*", una novela de Yasumari Kawabata sobre los ancianos burgueses de Kyoto. Otra rescata un personaje menor de *DEL AMOR..*: Don Rodrigo de Buen Lozano, un virrey español resucitado por amor.

La tercera cuenta la historia de un hombre que morirá en la última frase. Desde que empezó a escribirla —a finales de 1994— tiene la extraña sensación de que al poner el punto final correrá una suerte idéntica a la de su personaje. Por eso, en cuatro años apenas escribió dos capítulos.

LA NOVELA MALDITA

La Muerte es una mujer que lo espera, paciente, a que termine su tarea.

LA NOVELA MALDITA

En enero de 1999, García Márquez vuelve a sorprender. Se da el gusto de encabezar un grupo que compra la revista colombiana *Cambio.* Su mano estará en todo. Al comenzar las conversaciones de paz entre el gobierno de Andrés Pastrana y las Fuerzas Armadas Revolucionarias de Colombia, Gabo acude al lugar de las negociaciones como un enviado más de la revista. En la fiesta que *Cambio* organiza para celebrar su renacimiento, Gabo se queda hasta la medianoche, saludando a los dos mil invitados. Al volver a la oficina, se queda trabajando toda la noche para escribir un largo artículo sobre el nuevo presidente de Venezuela, Hugo Chávez. A la salida del sol, justo antes del cierre...

Es sólo el comienzo. Ha vuelto al periodismo, cumpliendo el sueño del medio propio. Ha vuelto a ser el viajero frecuente, que envía arículos desde París, Madrid, Roma, ahora como corresponsal de lujo. Acude entusiasta al estreno fílmico de *El coronel no tiene quien le escriba* y en el 2000, de la mano de Sean Penn, llega a la pantalla *El otoño del patriarca*, con Marlon Brando como protagonista. Aun cuando sus médicos lo internan en una clínica de Bogotá para recuperarse de un "síndrome de agotamiento", Gabo se niega a descansar. Pero, ¿hasta cuándo? Melquíades responde por él: "¡Hasta el final!".

Publicados por Ed. Sudamericana: *La hojarasca* (1955), *El coronel no tiene quien le escriba* (1959), *Los funerales de la Mama Grande* (1961), *La mala hora* (1962), *Cien años de soledad* (1967), *Ojos de perro azul* (1968), *Relato de un naúfrago* (1970), *El otoño del patriarca* (1975), *Operación Carlota* (1978), *90 días tras la Cortina de Hierro* (1979), *Textos costeños* (1981), *Crónica de una muerte anunciada* (1981), *Entre cachacos I y II* (1982), *Miguel Littín, clandestino en Chile* (1985), *El amor en tiempos del cólera* (1985), *El general en su laberinto* (1989), *Notas de prensa 1980-1984* (1991), *Doce cuentos peregrinos* (1992), *Del amor y otros demonios* (1994) y *Noticia de un secuestro* (1996).

Publicados por otras editoriales: *Isabel viendo llover en Macondo* (Estuario, 1967), *La increíble y triste historia de la cándida Eréndida y su abuela desalmada* (Aguilar 1972).

OBRAS E IDEAS DE GARCÍA MÁRQUEZ LLEVADAS AL CINE Y LA TV: *Tiempo de morir*, por Arturo Ripstein, 1964), *María de mi corazón* (por Jaime Hermosillo, 1978-80), *Eréndida* (Ruy Guerra, 1982), *Crónica de una muerte anunciada* (Francesco Rossi, 1987), *Un señor muy viejo con unas alas enormes* (Fernando Birri, 1988), *Amores difíciles* (serie de Ruy Guerra, Lisandro Duque, Tomás Gutiérrez Alea, Jaime Chavarri, Hermosillo y Olegario Barrera, 1987-88), *Me alquilo para soñar* (Ruy Guerra, 1992), *Edipo Alcalde* (Jorge Alí Triana, 1997), *El coronel no tiene quien le escriba* (Arturo Ripstein, 1999), *Autumn of the Patriarch* (Sean Penn, 2000).

Las citas fueron tomadas de los siguientes textos: LIBROS: Dasso Saldívar: *García Márquez, el viaje a la semilla, la biografía* (Alfaguara, 1997), Luis Harss: *García Márquez o la cuerda floja*, en *Los Nuestros* (Sudamericana, 1966), Rodolfo Walsh: *Prólogo* de *Los que luchan y los que lloran*, de Jorge Ricardo Masetti (Jorge Álvarez, 1969), Mario Vargas Llosa: *García Márquez: Historia de un deicidio* (Barral Editores, 1971), Plinio A. Mendoza: *GGM: El olor de la guayaba* (Sudamericana, 1982), Gabriel García Márquez: *La soledad de América latina* (discurso Premio Nobel 1982), Taller de guión de GGM: *Me alquilo para soñar* y *Cómo se cuenta un cuento* (Ed. Voluntad, 1995), Jacques Gilard, *prólogos* a *Textos costeños* y *Entre cachacos I y II*, (Sudamericana).

ARTÍCULOS: Tomás Eloy Martínez (Página/12), Osvaldo Soriano: *GGM después de Crónica* (Humor, 1981), *GGM* (Playboy, 1983), Marianela Balbi: *No quiero ser noticia, sino ir a buscarla* (Página/12, 1989), Ezequiel Martínez: *García Márquez íntimo* (Revista Viva, 1994), Larmes, Padgett y Shrieberg: *Politics & Prose* (Newsweek, 1996), Laura Linares: *García Márquez inédito* (Revista La Nación, 1996), *Un tal Gabo* (Revista Noticias, 1998), Alex Grijelmo: *García Márquez regresa al calor del reportaje* (El País, 1998), Larry Rohter: *García Márquez returns to his first love: Journalism* (NY Times Service, 1999)

Mariana Solanet nació en Buenos Aires en 1954. Es periodista y traductora. A los 9 años emigró con su familia a los Estados Unidos, donde vivió casi ocho años. A la vuelta, estudió Periodismo y Letras, mientras trabajaba como guía de turismo, *tour* conductor, traductora y profesora de inglés. Colgó la universidad cuando entró en el periodismo. Trabaja para el diario **La Nación** de Buenos Aires. Hizo las versiones inglesas de **Che para Principiantes**, **Gestalt para Principiantes** y **Sai Baba para Principiantes**, de autores argentinos.

Hector Luis Bergandi nació en Rafaela, provicia de Santa Fe, en 1943, y nació dibujando. Empezó a hacerlo como profesional a los 14 años y nunca más paró. Su fuerte son las ilustraciones, dibujos y pinturas de automóviles, con que ha ganado reconocimiento internacional. A veces toma recreos, como en este caso, que le permiten apartarse de un tema recurrente. Una vez satisfecho, vuelve con renovadas energías a sus "fierros", que aparecen desde hace 20 años en **Road&Track**

Agradezco a la gente de las editoriales Alfaguara, Norma y Sudamericana, y del archivo y biblioteca del diario La Nación, los libros y artículos que me facilitaron para este trabajo; a Waldo Casal, el perfil astrológico de GGM; a Eduardo Caraballo, la música y la vaina (caribes) compartidos; a JCK, su confianza y aliento. Dedico este libro a José y a mis hijos Lucas y Guido. —M.S.

CHESTER COLLEGE LIBRARY